MINDFUL
EATING

MINDFUL EATING

El Sabor de la Atención

Javier García Campayo, Héctor Morillo,
Alba López Montoyo y Marcelo Demarzo

Prólogo de
Jean L. Kristeller

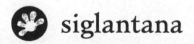 siglantana

Dirección de la Colección «Mindfulness»:
Javier García Campayo

© Editorial Siglantana S. L., 2017

Ilustración de la cubierta: Silvia Ospina Amaya
Maquetación y preimpresión: José M.ª Díaz de Mendívil Pérez

ISBN (Siglantana): 978-84-945959-5-0
ISBN (Ilusbooks): 978-84-16574-43-8

Depósito legal: B-21925-2017

Impreso en España - *Printed in Spain*

SUMARIO

PRÓLOGO

Todos comemos, y todos comemos, a veces, sin poner nada de atención. Es imprescindible volver a conectar con nuestra mente, nuestro cuerpo y nuestras emociones, y alimentarnos con la comida que nos gusta de una forma saludable y curativa, y solo eso. Nada más y nada menos. Los autores aportan su considerable experiencia y liderazgo para concienciarnos sobre el valor de mindfulness en una de sus aplicaciones más universales: cómo comemos.

Este libro trata sobre la ciencia del comer, junto a la naciente disciplina del poder de mindfulness, para enseñarnos a reconectar con nosotros mismos de una forma sana y efectiva. Para aquellos que son nuevos en la práctica de mindfulness, la obra abre una ventana a una forma diferente de ser, primero en relación con la ingesta y la comida, pero también, en un sentido más amplio, con otros aspectos de la vida. A los lectores familiarizados con mindfulness, les va a permitir entender cómo llevar más conciencia a su relación con la comida y con el proceso de la alimentación, lo que constituye una forma eficaz de profundizar en la práctica varias veces al día. Los autores sientan las bases para comprender la alimentación consciente, en el contexto histórico de nuestra relación con la comida y teniendo en cuenta el énfasis que ponen las tradiciones meditativas en la ingesta, así como el creciente alejamiento de una forma equilibrada de comer que presenta el ser humano, que ha pasado de pertenecer a sociedades con dificultades para encontrar comida a civilizaciones con una gran abundancia alimentaria.

Asimismo, proporcionan herramientas básicas que cada uno puede usar de forma gradual para descubrir sus propias capacidades de crear una nueva relación con la comida. Gran parte de la lucha que libramos con el peso, la alimentación y la comida, tiene que ver con ciertos patrones de conductas, emociones y pensamientos que vamos desarrollando a lo largo de la vida. Aprender a reconocerlos, dentro de un marco compasivo y no autocrítico, es clave para poder aplicar mindfulness a la alimentación. En mi propia experiencia, los pacientes me suelen asegurar que se sienten a merced de pensamientos que no pueden modificar (como «debería/no debería», «solo una vez más...», etc.), y se asombran de que aprender a observar dichos pensamientos de una forma consciente, y no de un modo reactivo, les otorga mucho más poder para generar conductas alternativas.

El libro se centra en los aspectos de la alimentación que nos ayudan a crear equilibrio y flexibilidad según las señales corporales que recibimos en nuestra relación con la comida: aprender a diferenciar entre el hambre físico y el emocional; percibir los síntomas de saciedad y no simplemente desear comer más y más sin límite; o ser conscientes de cómo la comida puede alimentarnos tanto física como emocionalmente sin perder el control. ¿Cómo podemos usar la creciente información existente sobre nutrición sin vernos sobrepasados? ¿Cómo nos enfrentamos a las presiones sociales del entorno sin resultar groseros? ¿O a la presión de vivir en una sociedad de sobreabundancia alimenticia?

En suma, basándose en su amplio conocimiento en la práctica de mindfulness y en el valor de la autocompasión, los autores nos ofrecen un lenguaje de autorreflexión y autocuración para lo que, a veces, vivimos como una continua pelea: nuestra relación con la comida y la alimentación. Tratan temas nucleares como quiénes somos y cómo podemos enriquecer nuestra vida diaria, cultivando el equilibrio respecto a la auténtica razón de por qué comemos: para llevar la energía de la comida a todas las partes de nuestro cuerpo de una forma sabia y con sentido.

Jean L. KRISTELLER
Catedrática emérita de Psicología
Indiana State University
Terre Haute, Indiana (Estados Unidos)

CAPÍTULO 1
LA RELACIÓN DE LOS SERES HUMANOS CON LOS ALIMENTOS A LO LARGO DE LA HISTORIA

EL ESTILO DE ALIMENTACIÓN DEL HOMBRE MODERNO

La mayoría de los habitantes de nuestras sociedades modernas tiene la suerte de disponer de comida abundante de modo que, si queremos, podemos realizar cinco ingestas al día (como recomiendan las autoridades sanitarias), además de «picar» entre horas si nos apetece. Por otra parte, la dieta es tan variada que incluye todos los nutrientes animales y vegetales que podamos imaginar, muchos de ellos producidos a cientos o miles de kilómetros de distancia. Por último, podemos disfrutar de los alimentos durante semanas gracias a sofisticados sistemas de conservación, como los frigoríficos y el envasado al vacío, entre otros. Por si esto fuera poco, el cocinado de los alimentos se ha convertido en una tecnología sofisticada y muy apreciada, de forma que la gastronomía es una actividad que mueve mucho dinero y constituye uno de los principales reclamos turísticos de muchas regiones. Pero no debemos olvidar que todo ello se ha logrado gracias al desarrollo tecnológico producido en las últimas décadas (y solo en los países desarrollados).

Debido a esta abundancia, los comportamientos alimenticios de los individuos pueden ser muy variados, algo impensable en las sociedades en las que solo es posible la supervivencia. Así, la obesidad guarda una importante correlación con el nivel económico. En países ricos como Estados Unidos, las poblaciones económicamente deprimidas, como los hispanos o los afroamericanos, presentan índices de obesidad significativamente superiores a la población de origen europeo. Por el contrario, en países en vías de desarrollo, la obesidad es una enfermedad de las clases pudientes, que pueden permitirse un exceso de alimentos.

Lo mismo ocurre con los trastornos de la conducta alimentaria, como la anorexia o la bulimia. Son enfermedades occidentales, prácticamente desconocidas en países donde los recursos alimenticios son escasos.

Los psicoanalistas afirman que para utilizar la comida de forma simbólica, como ocurre en esta enfermedad, tiene que constituir un bien abundante, no se puede simbolizar en situación de supervivencia.

No debemos olvidar que nuestro cerebro se estructura en la época de los grandes depredadores y en sociedades de cazadores y recolectores. Sus hábitos alimenticios tenían poco que ver con los del hombre actual y, por eso, es necesario conocerlos para saber de dónde partimos.

LA ALIMENTACIÓN DEL HOMBRE PRIMITIVO

Las bandas de cazadores-recolectores eran poco numerosas, de entre veinte y treinta familias, y estaban continuamente desplazándose. En todo el planeta, la población de humanos apenas llegaba a varios millones, es decir, la población de cualquier gran urbe actual. El modo de supervivencia consistía en ocupar una gran extensión de terreno, moviéndose continuamente, porque se esquilmaba el territorio ya que se acababa con la caza y los frutos del bosque.

Estas poblaciones pasaban hambre de forma crónica y dedicaban la mayor parte del tiempo a pensar en la comida y en cómo obtenerla. Recolectaban larvas y gusanos (los frutos y las raíces comestibles solían ser más escasos), pero la cantidad de comida necesaria para sustentar a una tribu con esa dieta requería explorar intensamente un área enorme y caminar todo el día. Depender de esa dieta implicaba riesgo de inanición, por eso solo mujeres y niños era recolectores.

Los hombres eran cazadores. Las grandes piezas eran también escasas y peligrosas de abatir. Requerían la colaboración de todo el grupo. Cuando se conseguía una presa grande, era una gran fiesta para la tribu que se celebraba durante días, porque había que comerse todo en poco tiempo ya que no existían métodos de conservación. Lo habitual era cazar presas pequeñas, como aves o roedores, que difícilmente saciaban el hambre. Por otra parte, encender y mantener el fuego era complejo, por lo que solía haber siempre una persona que vigilaba que no se apagase.

Este sistema de caza y recolección hacía que, a los pocos días, hubiese que cambiar de hábitat, por lo que las tribus tenían que desplazarse continuamente. Los desplazamientos, si coincidían con épocas de menor disponibilidad de comida, eran muy peligrosos, sobre todo para ancianos y niños. Además, las infecciones y los accidentes eran frecuentes. Si alguien se ponía enfermo, se le abandonaba para que falleciese, ya que el grupo no podía hacerse cargo de su cuidado. Por el contrario, si había épocas favorables para la caza y con superávit alimenticio, la población aumentaba, por lo que la tribu tenía que escindirse, ya que, por encima de cierto número de individuos, la posibilidad de hambruna estaba garantizada. Las luchas con otras tribus por la posesión del territorio y de los recursos eran continuas, con lo que las frecuentes matanzas ayudaban a mantener la población en número adecuado para la supervivencia.

En suma, la alimentación de los hombres primitivos podría resumirse así:

1. Estaban continuamente hambrientos, no comían todos los días y, desde luego, nunca tres veces al día.
2. Vivían pensando sistemáticamente en la comida y en cómo conseguirla. Era la principal actividad y el tema de conversación más frecuente.
3. La caza de grandes animales era una gran fiesta para el poblado (de ahí el vínculo entre saciedad y emociones positivas).
4. Había que atracarse cada vez que se conseguían grandes cantidades de comida porque no se podía conservar, por lo que se comía sin hambre, por supervivencia.

Como se ve, nada que ver con la situación del hombre actual. Sin embargo, ese estilo de alimentación estructuró nuestro cerebro y permanece en la memoria colectiva.

LA INFLUENCIA DE LA CULTURA EN LA ALIMENTACIÓN

Este es otro de los temas que modulan la ingesta de forma importante. Aunque los seres humanos somos omnívoros y, en base a nuestra fisiología, podríamos comer cualquier alimento de origen vegetal o animal, existen restricciones importantes sobre los alimentos que consumimos. Algunas de estas restricciones son biológicas, ya que ciertos productos son poco adecuados para nuestra especie. La más importante es la incapacidad de nuestro intestino para digerir grandes cantidades de celulosa, razón por la cual no nos alimentamos de hierba, hojas de árboles o madera.

Sin embargo, los grupos humanos observamos muchas restricciones, la mayoría de las cuales no presentan fundamentos biológicos sino religiosos y culturales. El alimento que para algunas sociedades es delicioso para otras puede ser repugnante y viceversa. Existen varias hipótesis sobre las causas de estas restricciones:

1. *Sociocultural o funcionalística:* defiende que sirven para mantener la identidad del grupo.
2. *Estructural:* considera que tienen una función simbólica, que ayuda a dar significado al entorno.
3. *Emocional-psicológica:* mantiene que los alimentos tabú se justifican por la emoción negativa que producen.
4. *Cultural-materialista:* es la más extendida y que sostienen antropólogos como Marvin Harris, quien considera que la mayor parte de las restricciones alimenticias de los seres humanos, incluso las más genuinamente religiosas, podrían explicarse por las características geográficas y ecológicas del entorno en el que se produjeron. Es decir, porque la relación coste-beneficio que produce el cultivo, crianza o caza de los alimentos permitidos es más positiva que la de los nutrientes prohibidos.

Las restricciones alimentarias pueden ser: a) por motivos religiosos; b) por motivos no religiosos; o c) por razones biológicas. Analizaremos, a continuación, algunos ejemplos de cada una de ellas.

a) Restricciones por motivos religiosos: Los alimentos sagrados y prohibidos en diferentes culturas

En casi todas las religiones hay alimentos prohibidos o especialmente recomendados. La prohibición de comer vaca en el hinduismo o cerdo en el islam o el judaísmo son ejemplos bien conocidos. Los tabúes religiosos sobre los alimentos son específicos de cada religión y, de hecho, se han utilizado históricamente como símbolo de identidad. En este capítulo analizaremos de forma resumida algunos ejemplos de estas restricciones.

– **La vaca sagrada**

Una de las restricciones alimentarias por motivos religiosos más conocida es la de la vaca sagrada en la India, uno de los elementos distintivos de la religión hinduista. En un país superpoblado y, hasta hace pocos años, subdesarrollado y pobre, con un importante déficit alimenticio de los habitantes, la vaca (que se considera una de las mejores fuentes de proteínas en los países occidentales) no podía ser consumida. Esto parece tan contrario a las necesidades y el uso racionales que la expresión «vaca sagrada» (*sacred cow*) se usa en inglés coloquial para definir la adhesión obstinada a prácticas irracionales.

Pero, según los antropólogos, no todo es irracional en esta prohibición. La alimentación de las vacas no compite con la de los humanos, por lo que el coste es bajo. Por otra parte, su eficiencia en la labranza de la tierra es elevada y sus excrementos son un combustible barato y eficaz en países deforestados. La restricción del consumo de vaca permitió un mayor rendimiento de la agricultura.

Por otro lado, existían razones de poder político-religioso. El hinduismo, inicialmente, no restringía el consumo de vaca. La aparición del budismo, religión muy popular porque acababa con el abominable sistema de castas y prohibía el sacrificio de animales, hizo reaccionar a las castas hinduistas predominantes. Propusieron una norma en la línea budista de evitar los sacrificios, pero solo del animal que mayor simpatía producía a la población hindú, lo que la convirtió en una medida muy popular que caló en la sociedad de la época.

– **La prohibición del cerdo**

No consumir cerdo es aún más ilógico, puesto que es el animal que mejor transforma el alimento en carne (35% frente a solo un 13% del ganado ovino y un 6,5% del vacuno). Además de su mayor capacidad de engorde, el cerdo tiene un grado de fertilidad superior al de las otras especias que habitualmente consumimos. ¿Por qué religiones como el judaísmo o el islam lo prohibieron?

Una hipótesis que se maneja es que, al no ser herbívoro, compite con el ser humano por la alimentación. En pueblos de pastores nómadas, como judíos o árabes de la Antigüedad, una cabaña porcina era poco competitiva comparada con los ganados herbívoros. Además, en hábitats calurosos, los cerdos (que no tienen glándulas sudoríparas) regulan su temperatura revolcándose en el lodo húmedo. No obstante, cuando hay escasez de agua, tienen que hacerlo en sus propios excrementos, hábito por el que siempre se ha considerado el animal doméstico más sucio. La mezcla de estos motivos podría haber desembocado en la prohibición. La idea de que los factores ambientales subyacen en la prohibición religiosa del consumo del cerdo se apoya también en que, además de estas dos religiones actuales (judaísmo e islam), la religión de otros tres pueblos ya desaparecidos del mismo entorno geográfico también prohibieron el cerdo: fenicios, babilonios y egipcios. Quizá sea demasiada casualidad.

- **Otros alimentos sagrados y prohibidos.
  El ejemplo del cristianismo**

  Todas las religiones defienden la existencia de alimentos sagrados y prohibidos. En la religión católica, el pan y el vino son alimentos sagrados ya que se utilizan en la misa para la transustanciación del cuerpo y la sangre de Cristo. Son alimentos tradicionales en la cuenca mediterránea, donde surgió esta fe. Pero en países africanos o asiáticos, donde ambos alimentos son desconocidos, a los fieles les resulta más difícil identificarse con este rito nuclear del catolicismo.

  Aunque muchas personas lo desconocen, también han existido alimentos prohibidos en el cristianismo. La carne de caballo fue prohibida por una bula del papa Gregorio III en el año 732. Se piensa que esta prohibición estaba relacionada con la importancia que tuvo el caballo para impedir que la invasión de los musulmanes, que ya habían ocupado España, se extendiese hacia el resto de Europa. Aunque durante siglos se mantuvo, actualmente no tienen vigencia en el cristianismo moderno. Sin embargo, la carne de caballo sigue repugnando como alimento a millones de europeos.

b) Restricciones por motivos no religiosos. El rechazo de la ingesta de mascotas

Existen también restricciones por motivos no religiosos, simplemente culturales. Una de las más evidentes, en países occidentales, es el rechazo a la ingesta de la principal mascota del ser humano, el perro. Sin embargo, en muchos países es habitual comerlo. Históricamente, Hipócrates ensalzó los beneficios de la carne de perro y los romanos comían cachorrillos. El principal alimento de los aztecas era el perro sin pelo mexicano. Los chinos criaban razas específicas de perro para la alimentación, como el chow chow de lengua negra. Y en algunas culturas se usa esta carne para funciones específicas: en China, con función medicina; en Filipinas, para ahuyentar la mala suerte o en Nigeria, para aumentar la libido. La carne de perro es tan nutritiva y adecuada para la ingesta humana como la de otros animales que sí comemos. El tabú parece estar relacionado con que es un animal al que tenemos un gran cariño y que nos proporciona afecto y compañía.

c) Restricción por motivos biológicos: La intolerancia a la leche

Este es una de las aversiones que no tiene base cultural, sino que está fundada en polimorfismos genéticos con predominancia étnica. Los asiáticos orientales (China, Japón, Corea, Indochina) presentan una aversión natural al consumo de leche, que está desterrada de su gastronomía. Lo mismo ocurre con los nativos americanos o los pueblos del África subsahariana, quienes no tienen ninguna tradición en el consumo de leche.

Los estudios genéticos descubrieron que el 75% de los individuos de etnia africana, el 95% de los asiáticos y casi el 100% de los aborígenes de Oceanía no poseen lactasa, la enzima que transforma la lactosa (el azúcar de la leche) en azúcares simples, por lo que su ingesta les produce problemas digestivos importantes. La intolerancia a la leche solo se da en el 20% de los sujetos de etnia europea, siendo mínimo en el norte de Europa y más frecuente en el sur del continente. Se piensa que la utilidad de esta anomalía genética (minoritaria en los seres humanos), que posibilita la ingesta de leche animal, es que permitiría a las poblaciones del norte de Europa obtener calcio en entornos ambientales de baja irradiación solar, evitando así la aparición del raquitismo.

CONCLUSIONES

La alimentación es una de las actividades más importantes y a la que más tiempo dedican los seres humanos. Esto hace que esté modulada por múltiples factores, como los religiosos o culturales, que condicionan nuestra percepción del sabor y nuestra conducta hacia la comida. Por otra parte, la forma de alimentarnos en la actualidad es producto del desarrollo tecnológico reciente, pero, durante toda la historia de la humanidad, no fue así. Los seres humanos pasaban hambre crónica, dedicaban la mayor parte del día a conseguir comida y tenían que ingerirla de forma apresurada cuando se conseguía, porque no podía conservarse. La vinculación entre emociones e ingesta, lo que se denomina «comer emocional», surge en ese período de la prehistoria.

CAPÍTULO 2
LA ALIMENTACIÓN EN LAS TRADICIONES MEDITATIVAS

En el capítulo anterior hemos visto la relación de los hombres con los alimentos en general. En este analizaremos algunos de los rituales asociados a su ingesta, sobre todo los que tienen que ver con motivos religiosos y, más específicamente, con la práctica de la meditación.

LA DIETA EN LAS RELIGIONES

En cada religión hay alimentos sagrados, alimentos prohibidos y costumbres relacionadas con los alimentos y con la dimensión espiritual de la comida. Un eje común a todas ellas son la práctica del ayuno, compartir con los necesitados y empezar las comidas con una plegaria. Además, cada religión ha desarrollado un calendario festivo específico al que se asocian determinados platos que preparan los seguidores de dicha tradición. A menudo, las costumbre y prohibiciones alimentarias son el principal factor identificador de una religión.

En la mayoría de las religiones, los vegetales (frutas, verduras, frutos secos y legumbre) y los cereales (arroz, trigo y maíz) juegan un papel destacado. Son la base de una alimentación equilibrada, purifican el organismo y son sostenibles desde el punto de vista ecológico. Los cereales son el alimento básico en la mayoría de las culturas. Para los cristianos, el pan es el alimento simbólico más importante al representar el cuerpo de Cristo. Para los judíos, el pan representa el alimento primero y las ofrendas que se realizaban en el Gran Templo de Jerusalén. En la festividad de la Pascua judía se consume pan sin levadura, que simboliza lo simple de la vida. En los países budistas de Asia, el arroz es la base de la alimentación y una ofrenda frecuente al Buda. En las culturas precolombinas americanas, el maíz era el sustento alimentario principal y se utilizaba en el contexto religioso.

Ya hemos hablado de los alimentos prohibidos en las principales religiones. Nos centraremos ahora en dos características de la dieta casi específicamente asociadas a la meditación y a las prácticas contemplativas: el vegetarianismo y el ayuno.

EL VEGETARIANISMO

Muchas religiones, a lo largo de la historia, han abogado por abstenerse de comer carne. Las más conocidas son el brahmanismo, el budismo, el jainismo, el zoroastrismo y los adventistas del séptimo día. En todos los casos, la recomendación no es general, sino que presenta ciertas características o limitaciones. Los testimonios escritos más antiguos de lactovegetarianismo están datados en el siglo VI a.C. y proceden de la India (tanto del hinduismo como del budismo) y de la antigua Grecia, aunque el jainismo que surgió en el siglo VIII a.C. ya lo practicaba. Tras la cristianización del Imperio Romano, el vegetarianismo desapareció prácticamente de Europa. Algunas órdenes monásticas de la Europa medieval restringieron o prohibieron el consumo de carne con fines ascéticos, pero ninguna hizo lo mismo con el pescado. Durante el Renacimiento, el vegetarianismo volvió a aparecer. En 1847, nació la primera sociedad vegetariana en el Reino Unido y pronto nacerían otras en Alemania, Países Bajos y otros países. Como unión de todas las sociedades nacionales surgió la Unión Vegetariana Internacional en 1906.

La mayor concentración de vegetarianos se da en la India, donde aproximadamente el 80% de la población es hindú. Los brahamanistas consideran a la vaca un animal sagrado y digno de veneración, por lo cual no puede ser sacrificada para alimentación. Los textos del hinduismo también condenan el sacrificio de otros animales y el consumo de su carne.

Se dice que el budismo fue la primera religión en recomendar el vegetarianismo. Como expone el Óctuple Camino budista, Buda condenó la supresión de cualquier forma de vida, animal o humana. Prohibió el sacrificio de animales, censuró a los carniceros y sustituyó los sacrificios animales por la meditación, los votos de pobreza y las buenas obras como medios de ganar la salvación. En el budismo, algunos de los textos donde mejor se ilustra la recomendación de ser vegetarianos es en los *jataka*, que afirman que matar un animal es lo mismo que matar a un ser humano, puesto que todos hemos sido otro tipo de animales en vidas anteriores. Los budistas pueden comer carne mientras no sean responsables directos de la muerte del animal que van a consumir. Por eso, en las sociedades budistas, los matarifes eran personas de otra religión.

El jainismo, una religión originada en la India y con solo unos pocos millones de adeptos, nació en la misma época que el budismo y ha sobrevivido hasta nuestros días. Los jainistas llegan a extremos heroicos para evitar la matanza o el consumo de cualquier forma de vida animal: los sacerdotes no pueden pasearse por un camino o una calle sin ir precedidos de ayudantes pertrechados con escobas que barren los pequeños insectos o arácnidos que este pudiera pisar accidentalmente. Llevan, además, mascarillas de gasa con el fin de prevenir la inhalación accidental y la destrucción consiguiente de mosquitos y moscas. Por supuesto, el consumo de animales está prohibido en esta religión.

Aunque en el catolicismo no se practica el vegetarianismo, algunos destacados santos de los primeros siglos de la Iglesia católica como san Clemente, san Gregorio, san Basilio, san Juan, san Jerónimo, san Agustín y san Benito lo elogiaron. La Iglesia católica prohíbe el consumo de carnes (rojas y blancas) el Miércoles de Ceniza, los seis viernes de Cuaresma y el Viernes Santo. Esos días, los católicos solamente pueden consumir vegetales (frutas y verduras). También pueden consumir animales acuáticos (pescados y mariscos), así como otros productos de origen animal, como huevos, leche y miel. Algunas fracciones del cristianismo, como la Iglesia Adventista del Séptimo Día mantienen una tendencia hacia el vegetarianismo; pero la Iglesia anglicana y la Iglesia católica suponen que los animales fueron creados para ser usados por los seres humanos.

Cuando empezó el vegetarianismo, hacia el siglo VI a.C., su fundamento era la no violencia y la preservación de la vida de los animales. Posteriormente, las motivaciones se han ampliado. Hoy en día, algunas personas se abstienen de ingerir carne por razones de salud. Otras lo hacen por su preocupación por el medio ambiente. Están también quienes se oponen al consumo de productos de origen animal por razones éticas, así como aquellos que lo hacen por motivos religiosos (por ejemplo, los hinduistas o los budistas).

Hay diferentes tipos de vegetarianismo y los más importantes son:

- El *apiovolactovegetarianismo*: se permite el consumo de miel, huevos y lácteos; pero no de cualquier tipo de carne (ni roja ni blanca ni pescado).
- El *ovolactovegetarianismo*: los practicantes de esta corriente consumen huevos y productos lácteos, pero no carne ni pescado. Esta es la variante más común en Occidente.
- El *lactovegetarianismo*: los siguen las personas que no consumen carnes, pero sí, lácteos. La mayoría de primeros vegetarianos de la India y de la antigua Grecia eran lactovegetarianos. De esta variante derivan las demás dietas vegetarianas. Sin embargo, hay que reseñar que muchos quesos no son aptos para vegetarianos, ya que se cuajan

con los estómagos de animales. El lactovegetarianismo es perfectamente practicable por los pueblos europeos, los de la cuenca del Mediterráneo y algunos del Asia Central, pero indoamericanos y melanoafricanos suelen ser alérgicos a los productos lácteos.

- El *ovovegetarianismo*: sus practicantes no comen carnes o productos lácteos, pero sí, huevos.
- El *apivegetarianismo*: permite el consumo miel. (El prefijo *api-* puede ser añadido en las demás definiciones.)
- El *veganismo*: es una filosofía de vida que excluye todo producto de origen animal, incluidos huevos, lácteos y miel. Por motivos éticos, los practicantes del veganismo siguen una dieta vegetariana estricta y también evitan el uso de productos de origen animal en el resto de ámbitos de su vida: vestimenta, ocio, etc., ya que consideran que todos estos productos y actividades implican la explotación de animales derivada de una actitud discriminatoria conocida como *especismo*.
- El *crudivorismo*: defiende una alimentación vegetariana en la que solo se consumen productos crudos, o ligeramente tibios, que no han sido calentados por encima de 46,7 °C y que nunca pueden estar cocidos. Consideran que cocinar destruye los nutrientes. Algunos son *frutarianos* y otros comen exclusivamente comidas orgánicas.
- El *crudiveganismo*: es la doctrina y la práctica de la alimentación que es simultáneamente «cruda» y «vegana».

La India es el país con más vegetarianos; se calcula que un 40% de la población lo es. En Europa las cifras irían desde un 8-9% en Alemania, un 7% en Gran Bretaña a un 0,5% en España. En 2006, se estimaba que el 6,7% de la población mundial era vegetariana. Por sexos, la mayoría de los vegetarianos son mujeres, un 68% frente a un 32% de hombres.

EL AYUNO

El ayuno por razones espirituales ha sido parte de las tradiciones religiosas desde la prehistoria. Se menciona en el Upanishad, en el Mahabhárata, en la Biblia (tanto en el Antiguo como en el Nuevo Testamento), en el Talmud, en el Corán y en el Libro del Mormón. En las religiones monoteístas, el ayuno forma parte de su mismo origen: Moisés subió al Monte Sinaí y ayunó durante 40 días antes de recibir la palabra de Dios; Jesús se retiró de la vida pública durante 40 días para ayunar en el desierto y Mahoma ayunó antes de que le fuera revelado el Corán. En el budismo, también su fundador eligió esta vía para intentar alcanzar la Iluminación. Dependiendo de la tradición, la práctica del ayuno puede prohibir, además de la ingesta, actos sexuales.

Para los judíos, el Yom Kipur es el día del arrepentimiento, considerado el día más santo y más solemne del año. Su tema central es la expiación y la reconciliación. La comida, la bebida, el baño y las relaciones conyugales están prohibidas. Después de la destrucción del Templo y del exilio en Babilonia, se instituyeron al menos otros cuatro días de ayuno: en el cuarto mes (el día noveno de Tammuz, cuando las murallas de Jerusalén fueron tomadas por los babilonios); en el quinto mes (cuando el Templo fue incendiado del séptimo al décimo día del mes); en el séptimo mes (en memoria del asesinato de Guedalías en el Año Nuevo) y el ayuno del décimo mes (el noveno día, cuando Jerusalén fue sitiado por los Babilonios).

En el islam, el ayuno del mes del Ramadán (noveno mes del calendario musulmán) es el cuarto pilar del islam y una de las características más conocidas de esta religión entre los no musulmanes. La palabra *ramadán* designa, fuera de la lengua árabe, más el propio ayuno que el mes. El ayuno se recomienda durante otros momentos del año, pero, durante el Ramadán, es estrictamente obligatorio. Se respeta durante todos los días del mes desde la aurora hasta la puesta de sol. Modifica sensible-mente la vida de los musulmanes mientras dura: se vive más de noche y la gente se junta para compartir la ruptura del ayuno. Muchos emigrantes musulmanes vuelven a sus países de origen para ayunar con los suyos, en parte porque consideran que el ayuno es más duro si se está en un medio no musulmán. También cambia la alimentación y se preparan alimentos específicos de gran aporte energético. Están exentos de cumplir con el ayuno los niños, los enfermos o los viajeros.

Debido a que el cristianismo proviene del judaísmo, el ayuno cristiano comparte muchas características con el judío. El período de ayuno más conocido es la Cuaresma, que tiene unos 40 días de duración.

En la actualidad, la Iglesia católica prescribe como días de ayuno obligatorio el Miércoles de Ceniza y el Viernes Santo. La enseñanza del ayuno es tomada principalmente del ayuno rea-lizado por Jesucristo durante sus cuarenta días en el desierto, después de haber sido bautizado. En la Iglesia primitiva el ayu-no era un periodo de recogimiento y normalmente ocupaba dos días semanales, ya que era costumbre de los judíos devotos ayu-nar esa cantidad de días, aunque para realizar una diferenciación se observaban días distintos. Los judíos ayunaban los lunes y jueves, mientras que los cristianos lo hacían los miércoles y vier-nes. Con la declaración del cristianismo como religión oficial del Imperio romano por Teodosio I el Grande en el año 380, el ayu-no comenzó a declinar, debido a que en la Europa occidental no era bien visto castigar el cuerpo. Esto cambió durante las cruza-das, cuando se dice que Pedro Bartolomé indicó a los cruzados que ayunaran por cinco días y, después, atacaran a sus enemigos.

El ayuno para los miembros de la Iglesia de Jesucristo de los Santos de los Últimos Días es una práctica normal que tiene una duración de 24 horas. Se ayuna por sugerencia de los sacer-dotes una vez al mes, generalmente el primer fin de semana del mes, y se empieza al mediodía del sábado para terminar el mediodía del domingo.

Para los cristianos existen diversos tipos de ayuno:

- *Ayuno absoluto.* Abstención total de alimentos y líquidos, incluida el agua. Se realiza solo por un breve lapso de tiempo.
- *Ayuno normal.* Abstinencia de alimentos, sin eliminar el agua, por un período limitado.
- *Ayuno parcial.* Consiste en una dieta limitada, donde se deja fuera todo tipo de postres y frutas, carnes, vinos y «manjares», y se cambia por una dieta donde solo hay legumbres y verduras.
- *Ayuno medio.* Suelen hacerlo los creyentes que, por problemas de salud, no pueden aguantar un ayuno completo. Este ayuno generalmente se hace en las mañanas; es decir, que solo se toma una comida al día.

Lo cierto es que, en todas las religiones y culturas, se practican períodos de ayuno deliberado con restricción de la dieta sólida. Aunque, más allá de los beneficios espirituales y meditativos, en los últimos años el ayuno esta siendo estudiado desde el punto de vista científico y se ha demostrado que produce cambios importantes en la salud. Son muy conocidos los estudios de Valter D. Longo y Mark P. Mattson de 2014 que confirman que el ayuno reduce el daño producido por el estrés oxidativo y la inflamación, optimiza la energía metabólica y protege las células. En células eucariotas inferiores, el ayuno aumenta la longevidad por reprogramación metabólica. En roedores, el ayuno intermitente protege de las enfermedades cardiovasculares y neurodegenerativas, del cáncer y de la diabetes. En humanos, reduce la hipertensión, la obesidad, el asma y la artritis reumatoide. El ayuno retrasaría asimismo el envejecimiento y ayudaría a prevenir y tratar enfermedades con mínimos efectos adversos.

Por otra parte, en 2013 Andreas Michalsen y Chenying Li confirmaron que una dieta de ayuno, una forma de ayuno supervisada médicamente y que incluye 200-500 kcal/día durante períodos de entre 7 y 21 días, mejora el tratamiento del dolor crónico, las enfermedades reumáticas, la hipertensión y el síndrome metabólico. A menudo, en estas enfermedades, si el ayuno se asocia a dieta vegetariana, pueden encontrarse mejorías. La restricción calórica y el ayuno intermitente deceleran el proceso de muchas enfermedades crónicas, por lo que se piensa que se asocia a efectos muy saludables. Entre otras acciones aumenta el factor neurotrófico (proteína asociada el crecimiento neuronal) y reduce el estrés oxidativo mitocondrial.

CAPÍTULO 3
EL PROBLEMA DEL SOBREPESO EN LA SOCIEDAD CONTEMPORÁNEA

El sobrepeso y la obesidad son una epidemia del siglo XXI, con un marcado aumento de su incidencia en las últimas décadas. Son comunes tanto en los países tecnológicamente desarrollados como en los países en vías de desarrollo, y afectan en especial a los grupos económicamente menos favorecidos y más vulnerables. Por tanto, para evitarlos es necesario realizar un esfuerzo máximo que debe abarcar diversos aspectos como: medidas preventivas y de promoción de la salud, estrategias de vigilancia y monitorización, y métodos diagnósticos y terapéuticos. Las intervenciones basadas en mindfulness, como veremos al largo de este libro, pueden ser efectivas tanto en la promoción de la salud y en la prevención, como en el tratamiento del sobrepeso y la obesidad.

¿QUÉ SON EL SOBREPESO Y LA OBESIDAD?

Son trastornos en los que hay una acumulación anormal o excesiva de grasa en el tejido adiposo y se definen, operacionalmente, por un índice de masa corporal (IMC), es decir, el cociente de dividir el peso en kilogramos por el cuadrado de altura en metros (kg/m^2), situado entre 25-29,9 kg/m^2, para el sobrepeso, y superior a 30 kg/m^2, en el caso de la obesidad. La Organización Mundial de la Salud (OMS) estima que, en 2014, el 39% de los adultos del planeta tenía sobrepeso (38% de hombres y 40% de mujeres) y el 13% era obeso (11% de hombres y 15% de mujeres). En cifras absolutas, se calcula que, en todo el mundo, unos 1000 millones de adultos tienen sobrepeso y, al menos, 300 millones son obesos, con una prevalencia creciente en la mayoría de los países.

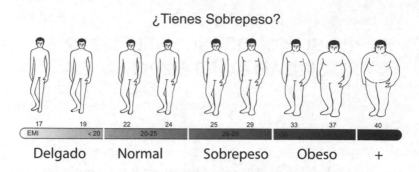

¿Tienes Sobrepeso?

Delgado	Normal	Sobrepeso	Obeso	+

Clasificación del IMC	
Insuficiencia ponderal	<18,5
Intervalo normal	18,5-24,9
Sobrepeso	≥25,0
Preobesidad	25,0-29,9
Obesidad	≥30,0
Obesidad de clase I	30,0-34,9
Obesidad de clase II	35,0-39,9
Obesidad de clase III	≥40,0

En los países de ingresos más altos, las tasas de obesidad son más elevadas entre los pobres y la población que vive en las zonas rurales. Por el contrario, las tasas de obesidad en los países de bajos ingresos son más altas entre los que viven en zonas urbanas y son más ricos. El riesgo de obesidad para las mujeres de los países de ingresos bajos y medios bajos es casi el doble que el de los hombres, y las tasas son similares para hombres y mujeres en países de ingresos altos. Los adultos obesos corren un mayor riesgo de desarrollar enfermedades crónicas y se estima que una de cada diez muertes prematuras en adultos son directamente atribuibles al sobrepeso y a la obesidad.

Tradicionalmente, se pensaba que el sobrepeso y la obesidad eran una consecuencia de las malas decisiones y los comportamientos equivocados de un individuo, que producían un exceso de balance energético. Sin embargo, ahora existe una mejor comprensión de la gran complejidad de los factores que contribuyen al exceso de peso. Estos factores incluyen la psicología individual y social, la actividad física individual y la influenciada por el ambiente, el consumo y la producción de alimentos, y la fisiología humana e individual. Como resultado de este mejor conocimiento, los esfuerzos en prevención están cambiando para abarcar una gama más amplia de factores que contribuyen al problema, así como un mayor abanico de intervenciones dirigidas a contrarrestar estos factores, como, por ejemplo, el mindfulness, que puede influir tanto en los factores psicológicos como en los conductuales.

FACTORES DE RIESGO PARA LA SALUD FÍSICA Y PSICOLÓGICA

El exceso de peso se asocia con un aumento de la mortalidad como consecuencia de una serie de resultados biopsicosociales negativos y variadas patologías asociadas (*véase* Tabla 1), siendo que, cuanto mayor sea el peso, mayor será el riesgo. Los correlatos metabólicos del sobrepeso y la obesidad incluyen el aumento de la tensión arterial, el aumento de los niveles de colesterol y triglicéridos, la inflamación sistémica y una mayor resistencia a la insulina, entre otras disfunciones neuro-hormonales. En consecuencia, el sobrepeso y la obesidad están asociados con un mayor riesgo de enfermedades que deterioran la calidad de vida relacionada con la salud: enfermedades cardiovasculares y cerebrovasculares, diabetes mellitus tipo 2, algunos tipos de cánceres (mama, colon, próstata), una gama de afecciones musculoesqueléticas, respiratorias, cutáneas y de fertilidad, así como tasas altas de psicopatología (depresión, baja autoestima, ansiedad, trastornos alimentarios). Además, los individuos con sobrepeso y obesidad presentan un mayor riesgo de discriminación en el empleo, en los medios de comunicación y en las relaciones interpersonales. En conjunto, la gestión de las comorbilidades relacionadas con el peso representan una carga significativa para los sistemas sanitarios.

Tabla 1. Enfermedades y condiciones asociadas al sobrepeso y obesidad	
• Cardiovasculares	• Hipercolesterolemia
• Diabetes mellitus	• Dislipidemia
• Cerebrovasculares	• Disminución HDL
• Cáncer	• Intolerancia a la glucosa
• Hipertensión	• Hiperinsulinemia
• Osteoartritis	• Trastornos menstruales
• Trastornos de depresión y ansiedad	• Apnea del sueño

Enfermedades cardiovasculares (ECV)

Las enfermedades cardiovasculares (ECV) constituyen la primera causa de muerte en los países tecnológicamente desarrollados y en vías de desarrollo. Los estudios epidemiológicos establecen una asociación entre el exceso de peso y varios factores de riesgo de las ECV, tales como intolerancia a la glucosa, diabetes, hipertensión e hiperlipidemia. En la obesidad de tipo central (la grasa se acumula en el abdomen), la mayor biodisponibilidad de ácidos grasos para el metabolismo tisular induce a la resistencia periférica a la insulina, a la inflamación sistémica y a la hiperinsulinemia, lo cual favorece el desarrollo de hipertensión y aterosclerosis. La mayor prueba del efecto negativo de la obesidad con relación a las ECV es que la disminución progresiva del peso disminuye la tasa de mortalidad por ECV en nada menos que un 50%. Como botón de muestra, sirva decir que la proporción de riesgo atribuible a la obesidad en la enfermedad cardíaca coronaria ha sido estimada en un 40% en mujeres mayores de 40 años.

Diabetes

Cerca del 80% de los pacientes con diabetes son obesos o presentan sobrepeso. La mayor prevalencia de diabetes ocurre con un IMC mayor de 28, y el riesgo de desarrollarla aumenta en aproximadamente el doble con obesidad baja; en 5 veces con obesidad moderada y en 10 con obesidad severa. Por otra parte, con pérdidas moderadas de peso del 5 al 10%, se mejora el control de la glicemia y se reduce la hiperinsulinemia.

Hipertensión arterial (HTA)

El sobrepeso y la obesidad también están asociados con la hipertensión arterial (HTA), ya que el riesgo de HTA es dos veces mayor en pacientes obesos. Al igual que ocurre en la diabetes, disminuciones del 5 al 10% de peso reducen la necesidad de utilizar medicamentos de manera significativa en pacientes hipertensos.

Cáncer

Importantes estudios epidemiológicos realizados en diferentes países y con distintos tipos de cáncer reflejan que las personas con exceso de peso tienen mayor riesgo de desarrollar cánceres, tanto en varones como en mujeres. Además, hay una asociación entre obesidad y varios tipos de cánceres, como el de colon intestinal, próstata, útero y mama. Por ejemplo, aparte de la asociación con niveles bajos de actividad física, el papel de la alimentación en los cánceres colorrectales se asocia con la ingestión de un exceso de grasas animales y una escasa ingestión de frutas y verduras.

Osteoartritis

Diferentes estudios epidemiológicos demuestran que una alta proporción de hombres y mujeres que padecen osteoartritis son obesos. El exceso de carga sobre las articulaciones, particularmente de cadera y rodilla, sumado a factores inflamatorios, favorecen las lesiones de las superficies articulares. Al igual que en otras enfermedades mencionadas anteriormente, una disminución progresiva y sostenida del peso mejora la condición de osteoartritis.

Trastornos psicosociales

Aunque las investigaciones sobre las consecuencias del exceso de peso en los trastornos psicosociales estén concentradas en países desarrollados, las evidencias sugieren que las personas con sobrepeso y obesidad tienen tasas más altas de psicopatologías, como los trastornos del estado de ánimo (depresión y ansiedad) y los

Riesgos para la salud relacionados con el sobrepeso y la obesidad

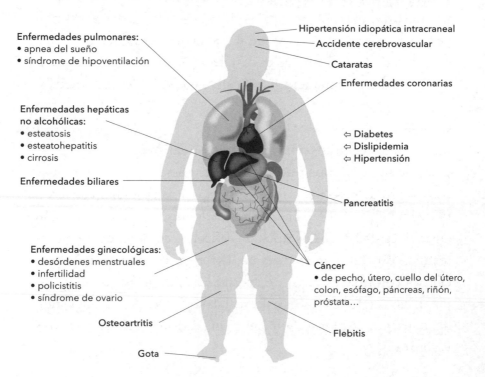

Enfermedades pulmonares:
• apnea del sueño
• síndrome de hipoventilación

Hipertensión idiopática intracraneal
Accidente cerebrovascular
Cataratas
Enfermedades coronarias

Enfermedades hepáticas no alcohólicas:
• esteatosis
• esteatohepatitis
• cirrosis

⇐ Diabetes
⇐ Dislipidemia
⇐ Hipertensión

Enfermedades biliares

Pancreatitis

Enfermedades ginecológicas:
• desórdenes menstruales
• infertilidad
• policistitis
• síndrome de ovario

Cáncer
• de pecho, útero, cuello del útero, colon, esófago, páncreas, riñón, próstata…

Osteoartritis

Flebitis

Gota

trastornos alimentarios (comer compulsivamente o percibir una imagen corporal distorsionada, por ejemplo), que afectan a la calidad de vida relacionada con la salud. Además, las mujeres obesas que buscan tratamiento son más vulnerables a síntomas de depresión (incluyendo la ideación suicida) y a una baja autoestima.

¿QUÉ HACER?

Prevenir y tratar el exceso de peso es una responsabilidad compartida por distintos profesionales. La aproximación integral incluye los siguientes aspectos: mantenimiento del peso saludable, prevención de la ganancia de peso, estabilización del peso, gestión de comorbilidades y pérdida de peso. Se consideran cuatro niveles de prevención para clasificar estas acciones.

Etapa de prevención primordial

En esta etapa, se persigue que las personas y poblaciones no se expongan a factores de riesgo y a estilos de vida que modifiquen la situación favorable que tenían o han tenido para mantener un peso saludable. La alimentación saludable es clave para conservar un peso adecuado a través de todo el ciclo de vida. Además de una alimentación saludable, la práctica regular de actividades físicas es fundamental, en especial ante los notables cambios de forma de vida que se han experimentado en el último siglo, con una tendencia creciente a la disminución de la actividad física regular debido al desplazamiento de la población del campo a las ciudades, agravada en las últimas décadas con el advenimiento de las nuevas tecnologías de las información y la comunicación que nos hacen aún más sedentarios. Las intervenciones basadas en mindfulness pueden tener un rol importante en la etapa de prevención primordial por medio del comer consciente y del incentivo a un estilo de vida más saludable.

Etapa de prevención global

En la etapa de prevención global las acciones deben tener una orientación similar a las realizadas durante la etapa de prevención primordial, excepto que los esfuerzos se dirigen a toda la población independientemente del peso que tengan, teniendo en cuenta que las personas pueden estar en distintas etapas de modificación de su peso saludable. Las políticas gubernamentales que guíen y orienten a nivel individual y colectivo son clave. Deben basarse en formulaciones apropiadas que requieren la participación de actores fundamentales como las industrias alimentarias y farmacéuticas, las entidades no gubernamentales, las instituciones académicas y científicas, y los grupos organizados de la comunidad y de pacientes.

Prevención orientada a grupos específicos y de alto riesgo

Aquí, el foco está orientado a grupos identificados como «grupos de riesgo» para el desarrollo de obesidad o sus comorbilidades; es decir, personas con sobrepeso u obesidad ya diagnosticadas, niños y adolescentes con padres obesos, y poblaciones económicamente menos favorecidas. Además de los aspectos mencionados en la etapa de prevención primordial, es necesario mejorar la capacidad educativa y de tratamiento que permita limitar los factores de riesgo o el desarrollo de problemas médicos asociados a las personas que ya tienen sobrepeso u obesidad. Es esencial que las estrategias de actuación involucren a los gobiernos, la industria alimentaria y los medios de comunicación, además de los servicios de salud. Las intervenciones basadas en mindfulness pueden tener una influencia positiva también en esa etapa de prevención, en especial como terapia adyuvante para la pérdida de peso y el desarrollo de hábitos alimenticios más conscientes y saludables.

CAPÍTULO 4
¿QUÉ ES Y QUÉ NO ES MINDFUL EATING?

INTRODUCCIÓN

Mindfulness se traduce como «atención plena» o «consciencia plena». Se refiere a un estado de la mente humana que nos viene dado de forma innata y que se encuentra descrito en todas las tradiciones religiosas. Es un estado de atención dirigida al momento presente, con aceptación y sin juzgar la experiencia. Es decir, con una actitud de apertura y curiosidad hacia lo que se está experimentando. En ocasiones, resulta complicado llevar esta actitud de apertura a actividades que realizamos de manera cotidiana (como ingerir alimentos), pero realmente, si mantenemos esta actitud, cada momento que experimentamos es único y diferente a los anteriores. Por ejemplo, podemos comer varias veces al día, pero cada una de esas experiencias presenta matices distintos. Estos matices son los que marcan el momento. Sin embargo, para ser conscientes, tenemos que depositar nuestra atención en ellos y, de esta forma, detectar esas diferencias y vivir ese momento como si fuera la primera vez que lo hacemos.

Concretamente, llevar la atención a la experiencia de comer se ha denominado *mindful eating* o «alimentación consciente». Mindful eating se refiere a ese estado de consciencia plena, de aceptación y de actitud de apertura, llevado a todos los elementos psicológicos, fisiológicos y conductuales que rodean a la experiencia alimentaria. Algunas de las definiciones que encontramos en la literatura son:

«La alimentación consciente se puede utilizar para describir una consciencia no crítica de las sensaciones físicas y emocionales mientras se come o en un entorno relacionado con los alimentos.»

Celia Framson *et al.*, 2009

«En mindful eating no estamos comparando o juzgando. Simplemente estamos siendo testigos de las muchas sensaciones, pensamientos y emociones que surgen en torno a comer. De manera directa, con amabilidad y curiosidad.»

Jan Chozen Bays, 2009

«La alimentación con atención plena puede hacernos conscientes de nuestras propias acciones, pensamientos, sentimientos y motivaciones, y darnos introspección acerca de las raíces de la salud y la felicidad».

The Center for Mindful Eating

¿QUÉ ES MINDFUL EATING?

Ser conscientes de cómo comemos

Estar atentos a los alimentos que tenemos delante, cómo comenzamos a desmenuzarlos, cómo los dirigimos hacia nuestra cara y boca, cómo ese alimento se deshace con la masticación y, finalmente, cómo lo ingerimos y lo llevamos hacia nuestro estómago.

Detectar nuestros pensamientos en relación a la comida

Observar y estar alerta a todo lo que sucede en nuestra mente. Es decir, los pensamientos que pueden aparecer antes, durante y al finalizar el proceso de ingesta. Determinados alimentos pueden activar pensamientos concretos, como autocríticas, juicios... Mindful eating sería aceptar y dejar ir los pensamientos, con el fin de cambiar el foco de atención redirigiéndolo hacia la experiencia de comer y atender plenamente a lo que se está realizando.

Experimentar los alimentos plenamente, conectando con las sensaciones, emociones y pensamientos que nos producen

Nuestros sentidos reciben la información sensorial proveniente del entorno, en este caso, específicamente de los alimentos; sensaciones tales como el frío, el calor, la rugosidad, el olor..., también pueden activar diferentes emociones (alegría, asco, temor...) y algunos pensamientos relacionados con el alimento («qué bueno está», «no debería comer esto»...), o incluso despertar recuerdos de nuestra infancia, de algún viaje... que a su vez active otros pensamientos y emociones que se vivieron en aquel momento. Con mindful eating queremos ser conscientes de todos estos procesos que surgen en nosotros mismos. Además, facilita poder describir detalladamente todas las sensaciones que reciben nuestros sentidos sobre aquello que vamos a ingerir, como si se tratase de la primera vez que lo hacemos, fomentando así la curiosidad y lo que denominamos «mente de principiante».

Prestar atención a las conductas que realizamos durante el proceso de comer

Ser conscientes de nuestras conductas antes, durante y al finalizar nuestro contacto con la alimentación, es decir, identificar qué comportamientos rutinarios hacemos mientras estamos cocinando, poniendo o quitando la mesa, también la forma en la que cogemos los cubiertos, en cómo nos sentamos, la postura, las reglas establecidas que hay implícitas y explícitas, posibles «manías» y, por supuesto, todos los comportamientos asociados a la ingesta de los alimentos.

Aceptarnos a nosotros mismos, a nuestro cuerpo y a la forma que tenemos de relacionarnos con los alimentos

Nuestra relación con la comida lleva muchos años instaurada, no debemos pretender cambiarla en poco tiempo. Hay que aceptar que lo hemos estado haciendo de la mejor forma posible o, por lo menos, de la forma que sabíamos, y que ahora estamos intentando cambiarla. Por lo tanto, ya estamos en el camino de la aceptación. Podemos realizar actividades en el presente que nos ayuden a intentar cambiar el futuro, pero no tiene sentido luchar contra el presente, porque ya está sucediendo.

Nuestro cuerpo nos ayuda a realizar muchas actividades día tras día, por ello es importante aceptar y agradecer su trabajo diario. Mindful eating nos ayuda a aceptar estos elementos y a tratarnos con respeto, con cariño y con cuidado.

Atender las sensaciones de hambre y las señales de saciedad

Nuestro cuerpo nos informa cuándo tenemos hambre a través de diversas señales fisiológicas que es importante que conozcamos. Prestar atención a nuestro cuerpo diariamente nos ayuda a familiarizarnos con ellas y a ser cada vez más conscientes de las mismas. Este conocimiento nos permite detectar las necesidades específicas de nuestro cuerpo (azúcar, vitaminas...) y satisfacerlas.

Observar las situaciones y emociones que nos impulsan a tomar la decisión de ingerir o no ingerir alimentos

Existen elementos en nuestro entorno que pueden impulsar la conducta de comer; por ejemplo, un evento estresante o una emoción intensa de aburrimiento, tristeza o ansiedad. Estos patrones desadaptativos están presentes en una parte importante de la población, sobre todo en aquella que presenta una conducta alimenticia emocional. Concretamente, se considera que un 60% o más de los individuos que tienen sobrepeso son comedores emocionales. Es importante observar y atender a estos patrones para que podamos cambiarlos por otros más adaptativos y saludables (ejercicio físico, resolución de conflictos, mindfulness en su práctica formal...), y aplicar estrategias que ayuden a reelaborar la situación y a disminuir la intensidad de la emoción.

No juzgar la experiencia ni a nosotros mismos

Uno no debe criticarse a sí mismo ni a la experiencia de comer, sino que es importante aceptarla tal y como es. Cada experiencia es única y no debemos criticarnos por que nos apetezca comer o tomar un determinado alimento (esto suele suceder con alimentos poco saludables). Es una decisión que ya hemos tomado y que se está llevando a cabo, por lo tanto la actitud que hay que tomar es de aceptación radical y de curiosidad y atención a la experiencia. Debemos relacionarnos con los alimentos como lo que son, elementos nutritivos que van a alimentarnos y a ayudarnos al funcionamiento correcto del cuerpo.

Comprender y atender a las decisiones que tomamos con respecto a la ingesta alimentaria

Mindful eating nos permite ser conscientes de todos los fenómenos mentales, entre ellos, de cómo y por qué tomamos las decisiones que tomamos con respecto a la conducta de comer; decisiones como el tipo de alimento que queremos ingerir, en qué cantidad y de qué calidad, el inicio y el final del proceso de comer, los horarios, si comemos por hambre o por deseo... En resumen, todas aquellas decisiones que hacen que el proceso de comer tenga cierto control y no se lleve a cabo impulsivamente.

Ser compasivos con nosotros mismos y con la forma en la que nos relacionamos con la comida

En ocasiones, nos enfadamos, no recriminamos y nos criticamos por las actuaciones y los elementos que rodean la conducta de comer. Esto hace que nos sintamos peor al respecto y que dejemos de escuchar y de atender las necesidades de nuestro cuerpo, puesto que nuestra atención se centra en el diálogo interno autocrítico. Mindful eating permite que este diálogo cambie hacia un diálogo compasivo, delicado y, sobre todo, conectado con el resto de seres. Muchas personas tienen dificultades para tener una buena relación con la alimentación. Es una experiencia muy común. El estrés del día a día arrastra la atención hacia el automatismo, la multitarea y la alimentación queda en un segundo plano. La compasión nos ayuda a comprenderlo y a cambiar esta relación de la forma más cálida y cuidada posible. De hecho, es un punto clave de los programas de mindful eating.

¿QUÉ NO ES MINDFUL EATING?

No es comer con el piloto automático

Es todo lo contrario: ser totalmente consciente del proceso de alimentarnos. Comer con el piloto automático solo aumenta la inatención en nuestro día a día y empeora la relación que se mantiene con la comida. Además, la inatención no permite ser conscientes de nuestras sensaciones de hambre y saciedad, que son las principales señales para iniciar y terminar un proceso de ingesta alimentaria.

No se trata de comer para suprimir las emociones

Se tiende a comer para evitar y aliviar emociones intensas tales como la ansiedad o la tristeza. Mindful eating permite hacernos conscientes de la emoción y de sus sensaciones físicas y pensamientos asociados, para poder mitigarlos con otras estrategias más saludables que la propia conducta de comer. Además, nos ayuda a regular las emociones y a no dejarnos llevar por ellas.

No se trata de comer sin atender la saciedad y hasta terminar los alimentos que tenemos delante

Como hemos explicado, mindful eating potencia la autoconsciencia corporal, ayudándonos a detectar la señal de saciedad que nuestro cuerpo emite. La saciedad es una respuesta homeostática del organismo dirigida específicamente a inhibir la conducta de ingesta para restablecer el equilibrio en cuanto la demanda de nutrientes queda satisfecha. Cuando no atendemos esta señal, nos sentimos hinchados, incómodos, pesados. Estas sensaciones nos indican que nuestra ingesta ha sido excesiva y que hemos sobrepasado la demanda nutricional. Mindfulness nos ayuda a detectar las señales tempranamente y, por tanto, a inhibir nuestra ingesta antes de sobrepasar la cantidad necesaria, aunque todavía nos quede comida en el plato.

No se trata de ser capaces de realizar otras actividades mientras comemos

Mindful eating fomenta todo lo contrario, que seamos capaces de experimentar todo el proceso relacionado con la ingesta y, por supuesto, esto no incluye ver la televisión, navegar con el móvil, hablar mientras comemos... Los alimentos pueden despertar gran cantidad de emociones, sensaciones y pensamientos por sí solos.

No se trata de un tipo de dieta o de evitar alguna comida

El comer consciente busca cambiar la relación del individuo con su conducta alimentaria y con los alimentos. Ayuda a ser consciente de patrones desadaptativos e inadecuados que el propio individuo decide cambiar, a atender las sensaciones físicas de hambre y saciedad proporcionadas por el cuerpo. En algunas ocasiones, estos cambios pueden llevar secundariamente a una pérdida de peso y, en otras, no, pero este no es el objetivo de mindful eating. Se busca que los individuos se sientan mejor con el proceso de comer, con cómo, qué, cuándo y por qué comen.

No es una manera correcta de comer

Mindful eating no es una técnica que enseñe a alimentarse de forma adecuada. Es una técnica que aumenta la atención y la consciencia del proceso de alimentarse. Existen diferentes niveles de atención, no formas correctas e incorrectas de alimentarse. El objetivo es aumentar el bienestar con uno mismo y de la relación con la comida, independientemente de que esta sea adecuada o inadecuada, con alimentos más o menos saludables. Las decisiones tomadas durante el proceso las lleva a cabo cada individuo independientemente. Por eso cada decisión es totalmente diferente entre sí y todas son adecuadas.

No se trata de criticarse ni autocorregirse si se come de forma impulsiva

Si esto sucede, tratamos de hacernos conscientes del momento, de los elementos que nos han dirigido al comer automático y, una vez ingeridos los alimentos, de aceptar lo que hemos comido y la forma en la que lo hemos hecho, con una actitud amable y adecuada porque ya se ha llevado a cabo la conducta. A medida que vayamos entrenando, la impulsividad se irá mitigando y seremos conscientes de esos impulsos antes dejarnos dominar por ellos.

No se obtienen resultados rápidos

Ser consciente de los patrones de conducta alimentaria es difícil debido a lo rutinarios y automáticos que son en nuestro día a día. Detectarlos requiere un entrenamiento atencional diario y continuado, yendo de forma escalonada, es decir, comenzando por elementos más concretos y, a medida que se avanza, ampliándolos y generalizándolos hacia otras comidas. También se deben incrementar los tiempos de práctica progresivamente. Al principio han de ser cortos y, poco a poco, se van ampliando. Lo importante es instaurar la técnica de forma habitual para obtener buenos resultados. Hace falta paciencia, tiempo y voluntad.

LA IMPORTANCIA DEL MINDFUL EATING

Comer es algo que hacemos habitualmente y, por tanto, en muchas ocasiones lo realizamos de forma automática. Hay investigaciones que han demostrado que comer de forma automática es muy común. Se ha observado que las personas tienden a comer cuando se acerca la hora en la que lo hacen normalmente y no debido a las sensaciones físicas de hambre. Y estos problemas de inatención están relacionados con la impulsividad. La impulsividad es una reacción rápida y no intencionada, donde no se han considerado las consecuencias de una acción. Nuestro modo de vida occidental conlleva mucho estrés y, por tanto, nos sumerge en una gran cantidad de estimulación diaria, donde nuestra atención va y viene sin parar. Este modo de vivir lleva a su vez a realizar acciones impulsivas, donde el objetivo se centra en ir terminando tareas independientemente de la atención que les prestamos. Esta forma de actuar se generaliza a muchas actividades, entre ellas la alimentación. Concretamente, la impulsividad está detrás de los atracones, las ingestas copiosas, en olvidar lo que se ha comido o no... y ciertos estudios la han relacionado con el sobrepeso y con la obesidad. Como se explicará más adelante, las emociones también juegan un papel importante, puesto que el comer emocional, es decir, comer en respuesta a una emoción intensa, también se ha asociado con el aumento del peso, la ansiedad y la depresión.

Mindfulness aplicado a la alimentación supone un cambio importante: en primer lugar, porque ha mostrado que reduce las conductas automáticas de ingesta y, en segundo lugar, porque mejora la relación con los antojos.

Además, mindfulness ayuda a reducir la impulsividad, permite disminuir el consumo de alimentos y aumenta la atención al proceso, la aceptación y la actitud compasiva. También nos ayuda a tomar distancia de las emociones sin sumergirnos en ellas y a responder ante las situaciones con mayor flexibilidad. Finalmente, nos permite regular las emociones adecuadamente y huir de las estrategias de evitación y distracción.

Es gracias a los mecanismos subyacentes a la técnica por lo que la atención plena tiene una fuerte relación negativa con el aumento de peso y la ansiedad, y una relación positiva con la mejora de la estabilidad emocional.

CAPÍTULO 5
BASES BIOLÓGICAS Y PSICOLÓGICAS DE LA ALIMENTACIÓN

La alimentación es imprescindible para mantener la composición corporal y el nivel de actividad. Los alimentos son necesarios para la vida, aunque también pueden ser causa de enfermedad, y nadie está libre de sus efectos y consecuencias, ya sean positivos o negativos. Los pueblos adoptan los alimentos que les ofrece el medio geográfico en el que viven y, a través de las sucesivas generaciones, van mejorando su adaptación a ellos. Por esta razón existen grandes diferencias en la alimentación humana en función de la geografía, el poder adquisitivo y las costumbres.

Se cree que el metabolismo humano es el resultado de millones de años de selección natural, de los cuales la mayor parte se produjo en un ambiente con una dieta variada en nutrientes y que requería actividad física vigorosa, pero marcada por ciclos de abundancia y escasez. El resultado fue que se favoreció la eficiencia metabólica, seguida de la capacidad de almacenar en el cuerpo la energía resultante de la digestión de los alimentos. Sin embargo, en las sociedades industriales con abundancia de alimentos y poca exigencia física, esas características adquiridas llevan a un aporte de energía excesivo que provoca lo que se llaman «enfermedades de la urbanización».

Para identificar los factores que contribuyen al aumento de la prevalencia del sobrepeso y obesidad, es fundamental comprender las necesidades alimentarias básicas de las personas y el papel que juegan en el proceso de crecimiento y desarrollo humano en las distintas etapas del ciclo de vida. Así, se pueden valorar las condiciones que favorecen y promueven el mantenimiento de un peso saludable, o las desviaciones que precipitan cambios que conducen al sobrepeso y la obesidad.

NECESIDADES ALIMENTARIAS
PARA EL DESARROLLO HUMANO

Desde la perspectiva del mantenimiento de la especie, si la situación de salud y nutrición de los progenitores es apropiada y las condiciones del macro y microambiente son favorables, la mayor parte de los recién nacidos nacen saludables y con un peso adecuado para la edad gestacional. A lo largo de la vida, la expresión del potencial humano genético se consigue con la satisfacción apropiada de las necesidades básicas de alimentos, salud, trabajo, vivienda, ocio y ambiente. Estas necesidades son interdependientes, complementarias y no sustitutivas, y se deben mantener de forma simultánea desde la concepción y en todas las etapas del ciclo vital.

La necesidad de alimentos y nutrientes se inicia en el útero, donde tras la concepción se obtienen de forma automática a través de la conexión umbílico placentaria. En la vida extrauterina, se satisface manualmente a través de los alimentos disponibles. En los primeros años de vida esta necesidad es muy alta, desciende en el período preescolar y escolar, vuelve a aumentar en la adolescencia y se estabiliza en la vida adulta, para descender nuevamente en la vejez. Estos cambios están estrechamente relacionados con el proceso de crecimiento en las distintas edades. Las modificaciones que se dan en la satisfacción de esta necesidad es uno de los factores que contribuyen a convertir la situación de un peso saludable en problemas de sobrepeso y obesidad.

A diferencia de lo que ocurre con la influencia genética sobre la talla, los aumentos de peso en la vida adulta están relacionados con el nivel de control del individuo sobre la ingestión de alimentos y la actividad física regular (AFR). Al terminar el proceso de crecimiento, las modificaciones en la relación peso-talla se dan sobre todo en los cambios de peso. Sin embargo, a partir de los 40-50 años, la disminución en la talla por el proceso natural de envejecimiento, junto con el aumento acumulativo de pequeñas cantidades de peso por exceso de ingesta o disminución de la práctica de ejercicio físico, puede conducir a la pérdida de la armonía peso-talla. Este hecho se refleja en la tendencia a un mayor peso del deseable y el aumento de los depósitos de grasa a medida que nos hacemos mayores.

Cuando las condiciones del macro y microambiente son favorables para alcanzar un crecimiento apropiado, el peso saludable de hombres y mujeres se mueve dentro de un rango que va del percentil cinco al percentil noventa y cinco, y se considera en la vida adulta que el peso saludable corresponde a un índice de masa corporal (IMC) de entre 18 y 25 kg/m². Así, para una misma talla hay una gran variedad de pesos que se pueden alcanzar en las distintas edades y, cuanto menor es la talla, menor es la amplitud del rango de pesos, y viceversa. Unas ganancias de entre 10 y 20 kg de peso en la franja de edad de 15 a 50 años no corresponden en su mayoría a aumentos en tejido muscular, ya que este suele disminuir a medida que envejecemos, sino a aumentos en el tejido adiposo. Aunque, cuando el aumento ocurre en las edades más jóvenes, se puede formar una cantidad extra de tejido muscular para soportar el aumento en peso del tejido adiposo.

El proceso de madurez, adultez y envejecimiento suele acompañarse de pérdida de masa muscular por lo cual el tejido graso suele ser el responsable de la mayor parte de la ganancia de peso que se da con el aumento de la edad. Con la mejora en las condiciones globales de salud en las últimas décadas, se han conseguido aumentos sostenidos de la expectativa de vida en la mayoría de los países. Consecuentemente, este es un factor que debe considerarse cuando se analiza la tendencia al aumento de la prevalencia de la obesidad.

INFLUENCIA DEL PATRIMONIO GENÉTICO

Aunque los estudios no sean definitivos, la variabilidad biológica de las personas en relación con el almacenamiento del exceso de energía ingerida parece ser considerable. Utilizando la información disponible en la epidemiología genética y molecular, sabemos que hay varios genes que pueden estar asociados o relacionados con la obesidad de las personas. Los resultados de estudios de gemelos adoptados mostraron correlación en el peso del cuerpo con los padres biológicos, pero no con el peso de los padres adoptivos. Las diferencias en el gasto energético de reposo, que es responsable del 60 a 70% del gasto energético diario, probablemente también tienen una influencia genética. Por eso, pequeños cambios en esos gastos pueden ser responsables de diferencias de entre 300 y 600 calorías por día para personas de la misma edad y sexo.

INFLUENCIA DEL MICRO Y MACROAMBIENTE

Independiente de la influencia del patrimonio genético, a nivel individual o colectivo, el equilibrio de interacción para mantener un peso saludable depende enormemente del balance entre la ingestión y el gasto energético; así, modificaciones en la disponibilidad de alimentos y en el gasto energético (por ejemplo, por esfuerzo físico) pueden presentan cambios sustanciales en la armonía talla-peso.

Una muestra de la importancia del microambiente es que, cuando existe desnutrición intrauterina (sobre todo a partir de la semana 30 de la gestación) y hasta que un niño cumple el año de edad, se produce un aumento en la sensibilidad para la proliferación de adipocitos. Si estos niños reciben un aporte mayor del necesario en la etapa postnatal y, sobre todo, durante los dos primeros años de vida, desarrollan obesidad con mayor facilidad, aparentemente debido a que se inducen modificaciones epigenéticas de los centros reguladores del apetito, situados en el sistema nervioso central. Varios estudios muestran que, al crecer, esos niños tendrán una mayor incidencia de resistencia a la insulina, de diabetes mellitus tipo II, de hipertensión arterial y de enfermedad coronaria. Estos problemas se evitan si no se favorece la sobrenutrición postnatal. La composición de la dieta también es importante. Aparentemente, los lactantes que se alimentan con fórmulas artificiales tienen mas problemas de sobrepeso que los alimentados con leche materna.

En cuanto al macroambiente, las influencias culturales tienen también un rol fundamental. Por ejemplo, en las últimas décadas, los grupos sociales con mayor capacidad adquisitiva consumen cada vez más alimentos ricos en grasa, con una disminución progresiva de los alimentos ricos en carbohidratos

complejos. Estos cambios, mediados en gran parte por la mayor disponibilidad alimentaria y la influencia de la publicidad, han transformado sustancialmente los hábitos de las personas y las familias a la hora de comprar alimentos. Otro ejemplo son los países en los que el trabajo suele realizarse en jornadas continuas y en que, por tanto, es muy probable que por lo menos una de las comidas se haga fuera del hogar. En estas condiciones, la tendencia es que la ingesta de alimentos ricos en grasas sea mayor o que se coma más, y que, al final, se produzca un mayor consumo de calorías.

INFLUENCIA DE LOS ASPECTOS PSICOLÓGICOS

Varios estudios han establecido la influencia de los factores psicológicos, como las perturbaciones emocionales que a menudo precipitan episodios de sobrealimentación, en la génesis de la obesidad. Por ejemplo, en personas deprimidas o con otro tipo de deprivación emocional, la comida puede jugar un papel compensatorio que favorezca crónicamente la ganancia de peso. Sin embargo, no existe una sola definición de la personalidad del paciente obeso, así como tampoco ninguna alteración psiquiátrica característica. La psicopatología que pueda acompañar la obesidad no debe

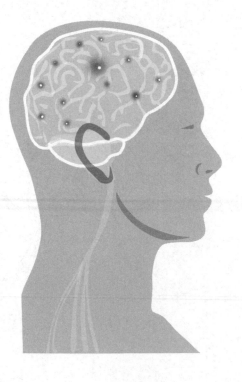

considerarse necesariamente la causa primaria de la misma, pero es de gran importancia estudiarla para establecer las estrategias generales de la atención psicológica o psiquiátrica del paciente obeso. Lo primero que hay que hacer es descartar si el comer compulsivo u otros trastornos psiquiátricos pueden explicar o influenciar cada caso concreto. Además, la persona obesa puede presentar un sufrimiento psicológico relacionado con los prejuicios sociales que hay hacia la obesidad y hacia las características peculiares de esta conducta alimentaria.

ROLES BIOLÓGICOS DE LOS ALIMENTOS

Uno de los roles biológicos fundamentales del consumo de los alimentos ricos en grasas es proveer al organismo de reservas calóricas para usarlas en los momentos de crisis y de escasez. Sin embargo, si la crisis no llega y se mantiene el proceso acumulativo, las consecuencias son el aumento de peso y la obesidad. Las grasas se metabolizan de forma relativamente más lenta que los carbohidratos y las proteínas, y si las ingestas son superiores a las necesidades, el exceso se deposita como reserva grasa. Además, se piensa que la grasa es menos eficaz que las proteínas y los hidratos de carbono para enviar las señales de saciedad, que van del tracto gastrointestinal al centro del control del apetito en el cerebro. De manera que las personas que comen dietas muy ricas en grasas comen por periodos más largos y en mayores cantidades.

INTERRELACIÓN DE LOS COMPONENTES

Aunque exista en las poblaciones un componente de susceptibilidad genética de la obesidad, es posible que muchas personas no llegarían a ser obesas si vivieran en un ambiente en el cual no hubiese disponibilidad suficiente de alimentos, la capacidad adquisitiva fuese baja y se mantuviesen físicamente activas. Por otra parte, la relación de causalidad entre abundante disponibilidad de alimentos y obesidad no siempre es cierta, ya que en buena parte está mediada por la cultura y la conducta alimentaria adquirida.

CAPÍTULO 6
¿CÓMO ACTÚA MINDFUL EATING? MECANISMOS DE ACCIÓN Y EFICACIA

INTRODUCCIÓN

Diversas son las causas que llevan a la obesidad o a la sobreingesta de alimentos y, por tanto, variadas son las teorías que tratan de explicarlas. Nosotros, en el presente capítulo, vamos a centrarnos principalmente en las siguientes:

– Una de ellas defiende que el sobrepeso y la obesidad están causados por un desequilibrio en los procesos homeostáticos que controlan la ingesta de alimentos. Este desequilibrio está ocasionado por la lucha entre el rasgo evolutivo de la alimentación hedonista, es decir, la tendencia de los seres humanos a comer por el gusto, el placer o la recompensa; y por la tendencia a inhibir la ingesta de alimentos en respuesta a una variedad de razones como, por ejemplo, la escasez de alimentos o la presión social.

– Otra perspectiva es que las personas participan en un «comer inconsciente» como una forma de desconectarse de su experiencia interna. Con respecto a esta teoría, y dentro de la problemática que los comportamientos alimentarios desadaptativos acarrean, cabe resaltar quienes utilizan la alimentación emocional, o el comer compulsivamente, como mecanismo de evitación en respuesta a emociones y situaciones negativas. Esto se debe a que la identificación precisa de la emoción requiere una orientación interna y la mala consciencia interoceptiva[1] es un sello distintivo de las personas con problemas alimentarios. Una de la razones parece ser que las señales fisiológicas de la emoción se confunden, a menudo, con las señales de regulación del apetito. Los propios pacientes con obesidad suelen informar de estas deficiencias y resaltan el comer emocional como un factor importante de la ganancia de peso.

La problemática de la sobreingesta todavía se hace más notable en personas que sufren un trastorno alimentario, como el trastorno por atracón o la bulimia nerviosa, caracterizada por el afecto negativo. Esta situación puede derivar en un comportamiento bulímico como elemento de distracción, e incluso como generador de emociones positivas ante los sentimientos aversivos. Estas personas tratan de escapar de la autoconsciencia aversiva centrando su atención en los estímulos externos, lo que da lugar a que acaben comiendo en exceso. Esto denota las dificultades que tiene este colectivo para regular las emociones, identificarlas (alexitimia), manejarlas y usarlas de forma adaptativa. Pero no solo presentan problemas a nivel emocional, sino que la falta de consciencia interna también lleva a problemas para identificar las señales de saciedad o hambre, fomentando patrones de ingesta inadecuados.

Los tratamientos basados en mindfulness pueden servir para modificar estos patrones conductuales, ya que las técnicas empleadas centran la atención tanto en la experiencia interna como en la externa, hacen consciente al individuo de sí mismo y de su alrededor, sin juzgar la experiencia presente y con aceptación, y actúan principalmente en ese déficit de consciencia

---

[1] Se llama función interoceptiva a los estímulos que provienen de los órganos internos del cuerpo humano.

interoceptiva que caracteriza a estas personas. Por tanto, mind-fulness puede ofrecer una gran oportunidad de mejorar la regu-lación de la emoción, moderando o reduciendo el efecto de las emociones negativas sobre el comportamiento alimentario a medida que la atención plena se convierte en el nuevo mecanis-mo de afrontamiento.

MECANISMOS DE ACCIÓN

Es importante conocer y tener en cuenta los mecanismos subya-centes a las técnicas de mindfulness para comprender qué bene-ficios e influencias pueden tener en los comportamientos alimen-tarios. Vamos a dividirlos en mecanismos psicológicos y fisiológicos. Los primeros consisten en los procesos que mind-fulness puede ofrecer para controlar la ingesta a nivel conduc-tual. Los segundos son las principales vías por las que mindful-ness actúa a nivel fisiológico y que, por lo tanto, pueden ayudar a resolver problemas alimentarios.

Mecanismos psicológicos

La atención y autoconsciencia

Uno de los mecanismos principales, y quizá el más importante de mindfulness, implica dirigir la atención y utilizar la autoconsciencia. Su uso está estrechamente involucrado en la autorregulación general y en la autorregulación de comportamientos alimentarios concretos. En el contexto de la práctica de mindfulness, prestar atención implica observar las operaciones del presente, momento a momento. Específicamente, en los pacientes con problemas de sobrepeso, la autoconsciencia se dirige al cuerpo, a los riesgos para la salud, al comportamiento alimentario y a los pensamientos disfuncionales relacionados con la comida. Así se facilita un proceder más saludable y además se contribuye al mantenimiento de nuevos hábitos alimentarios a largo plazo. También se consigue la interrupción de patrones de condicionamiento inadecuados, se promueve la apertura a la experiencia y se facilita el cambio terapéutico general.

Consciencia interoceptiva

Otro potencial mecanismo conexo con el anterior, pero más concreto, se relacionaría con las claves internas y la sensibilidad a las señales de hambre y de saciedad. Mindfulness nos ayuda a ser más conscientes de nuestro cuerpo y, por tanto, a conocer mejor las señales que se producen en él, atendiendo así a las sensaciones interoceptivas, tales como la saciedad o el hambre. Conocer estas señales permite a nuestro cuerpo una ingesta de alimentos suficiente para funcionar y un mayor sentido del control, mejorando los patrones de ingesta. Además, aproxima a los individuos con dificultades a un comer más relajado, sin juicios y atendiendo a las sensaciones del cuerpo.

La relajación

La capacidad de relajarse, tomar distancia emocional y enfrentarse a los eventos estresantes son otros potenciales mecanismos que mindfulness proporciona a los individuos, disminuyendo así los síntomas asociados al estrés, la ansiedad y la depresión. La activación de estos mecanismos es especialmente relevante en el caso de los comedores emocionales, puesto que, ante una emoción intensa, les permitiría identificarla, disminuirla y tolerarla mediante las técnicas de mindfulness y no mediante otras estrategias, como los atracones. Es decir, si los comedores emocionales tratan de regular sus emociones comiendo en exceso, significa que sus estrategias de afrontamiento fracasan en la regulación de las emociones negativas. En un intento por reducir las sensaciones asociadas, comer en exceso puede ofrecer temporalmente comodidad y distracción de las emociones aversivas, pero, a largo plazo, mantiene las dificultades existentes (comer en exceso, de forma impulsiva, como evitación emocional...). Por lo tanto, este mecanismo ofrece a los individuos otra forma de actuar ante los estados emocionales intensos, tomando distancia, fomentando la observación y el reconocimiento de que los pensamientos son simples eventos mentales cuyo significado no tiene por qué ser real. Esta desidentificación de los contenidos mentales desarrolla lo que se conoce en psicología como «*insight* metacognitivo».

La aceptación

La aceptación y la auto-aceptación, conceptualizadas como un proceso dinámico de autoafirmación o autovalidación compuesto por elementos cognitivos, afectivos y comportamentales, se presentan como otro componente principal que las técnicas de mindfulness pueden aportar a los problemas alimentarios. La aceptación permite a los sujetos disminuir la reactividad emocional.

También, ayuda a tolerar las dificultades cotidianas, abriendo un abanico de posibles soluciones ante un mismo problema y haciendo de mindfulness una herramienta clave para la reducción del comer emocional y facilitar la solución de las dificultades, tanto emocionales como situacionales, que se presentan en el día a día.

Además, permite no juzgar cada situación desagradable, cada pensamiento o incluso cada deseo. En 1994, el doctor Jon Kabat-Zinn expuso que, cuando un individuo acepta conscientemente su experiencia interna, se produce un «despertar» que aumenta el control y aporta flexibilidad y adaptabilidad a las respuestas, en vez de impulsividad o rigidez. Esta impulsividad es característica de los comedores emocionales y puede verse mermada por estos mecanismos (la atención, la aceptación, la consciencia interoceptiva...).

• • •

En resumen, los mecanismos psicológicos dotan a los individuos de una integración de procesos de alto nivel, que se encuentran relacionados entre sí; procesos metacognitivos que permiten, a los individuos obesos y con dificultades alimentarias, cambiar los patrones desadaptativos, establecer nuevos hábitos saludables y regular mejor las emociones y los procesos cognitivos, físiológicos y comportamentales.

Mecanismos fisiológicos

Dentro de los mecanismos que participan en la relación entre mindfulness y la ingesta, tenemos dos fundamentales que actúan a nivel fisiológico. Por un lado, el implicado en el estrés, puesto que tiene una participación activa en los sistemas de ingesta, y por otro, el mecanismo básico de mindfulness, que es la activación del circuito cerebral denominado *default mode network* (red

cerebral por defecto), que puede influir en la consciencia interoceptiva del cuerpo y, a su vez, modificar redes neurales que ayudan a la detección de las señales corporales, como son las señales de hambre y saciedad.

Mecanismo del estrés

La respuesta a las emociones negativas puede activarse en dos
direcciones: por un lado, hacia un aumento de la ingesta y, por
otro, hacia una disminución o una supresión de la sensación de
hambre, que sería lo esperado biológicamente. La respuesta normal ante una emoción intensa consiste en una reducción de la
ingesta, de forma que se inhiben las contracciones gástricas, lo
que permite liberar azúcar en la sangre para que el sujeto pueda
responder a esa emoción. El estrés es la principal emoción activa-
dora de este proceso bidireccional. El estrés agudo provoca cambios fisiológicos, psicológicos y metabólicos que afectan al apetito y a los comportamientos alimentarios, y promueve la vigilancia,
baja la libido e incrementa la frecuencia cardíaca y la presión san-
guínea para dirigir la sangre a los músculos al corazón y al cerebro. De esta forma, se produce una respuesta de lucha o huida,
que permite al individuo salvarse de la situación estresante.

Sin embargo, en este proceso evolutivo que permite responder ante las amenazas y peligros del ambiente, juegan un papel
importante el eje hipotalámico-hipofisario-adrenal (HPA) y la
secreción endocrina. Estos sistemas colaboran en el mantenimiento y regulación homeostática del cuerpo y también del peso.

Cuando se produce una respuesta neural al estrés, sobre
todo cuando se mantiene crónicamente, se activa sobre todo el
HPA, que produce hormonas glucocorticoides, en especial cortisol. Este cortisol incrementa la producción de tejido adiposo
visceral, que lleva a un incremento de la grasa corporal y de la
ingesta de alimentos. Además, decrece la producción de leptina
y se incrementa la de grelina, lo que hace aumentar la sensación

de hambre. Asimismo se produce un aumento de la insulina y del neuropéptido Y, el cual también nos incita a comer más, especialmente alimentos con alto contenido en azúcares y grasas.

Este tipo de alimentos proporcionan una alta densidad calórica y pueden alterar, a su vez, el sistema innato de saciedad. Específicamente, la sobreingesta de azúcares puede interrumpir las señales de saciedad, modificando los mecanismos fisiológicos homeostáticos que regulan la ingesta energética y llevan a los individuos a un aumento del comer hedónico.

Figura 1. Proceso producido en el estrés

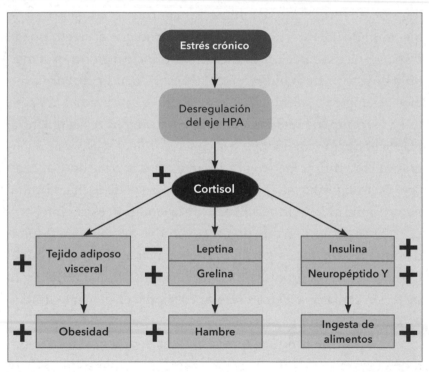

Este proceso puede verse alterado mediante las técnicas de mindfulness, ya que diferentes estudios han demostrado que ayudan a reducir síntomas como el estrés o la depresión, lo que contribuye a que los individuos que lo practican reduzcan la activación y mejoren la calidad de vida.

«Default mode network»

La *default mode network* (DMN) se refiere a una red de regiones cerebrales específicas que permanecen activas cuando los individuos no se encuentran focalizados en alguna tarea externa y cuya activación disminuye cuando los individuos se centran en una tarea concreta donde su atención queda fijada. Cuando la mente se distrae del momento presente y se dirige hacia pensamientos relacionados con eventos pasados o futuros, es cuando esta red está más activada. Las regiones cerebrales que se han relacionado con esta red son las llamadas regiones de la línea media: corteza medial prefrontal (MPFC), corteza cingulada posterior (PCC) y giro temporal medial.

Sin embargo, varios estudios de neuroimagen han demostrado que, en las personas que practican mindfulness, aunque no estén concentradas en una tarea determinada, se produce una activación neuronal diferente, que involucra marcadores neuronales relacionados con los estados corporales, específicamente de la corteza insular derecha relacionada con el procesamiento exteroceptivo e interoceptivo.

Parece ser que el entrenamiento en mindfulness posibilita la formación y la utilización de una red diferente, creando otras formas de consciencia sensorial. Esta nueva y aumentada consciencia sensorial podría beneficiar a los individuos obesos y con problemas alimentarios, haciéndolos más conscientes de las sensaciones de hambre y saciedad y, por tanto, mejorando los patrones alimentarios.

EFICACIA DE MINDFULNESS EN OBESIDAD Y TRASTORNOS ALIMENTARIOS

Cada vez son más los estudios que utilizan intervenciones basadas en mindfulness como una vía a través de la cual se pueden modificar comportamientos alimentarios problemáticos. Esto se debe, principalmente, a los mecanismos subyacentes a la técnica que hemos explicado en los apartados anteriores.

Los estudios que utilizan intervenciones basadas en mindfulness han asociado estas técnicas con mejoras en: la autoeficacia, la pérdida o el mantenimiento del peso, el autoconocimiento de la alimentación, la elección deliberada de alimentos y una mayor consciencia interoceptiva, entre otros beneficios que veremos a continuación.

Las relaciones entre mindfulness y la falta de consciencia interoceptiva, tan característica en estos sujetos, se esclarecen cada vez más. Un estudio como el liderado por la psicóloga Tatjana van Strien en 2005 encontró que la relación entre el afecto negativo y el comer emocional estaba mediada por la falta de consciencia interoceptiva, que es precisamente uno de los elementos principales sobre los que actúan las técnicas de mindfulness.

Otro estudio dirigido por la doctora Joanna Arch en 2016 mostró que cursos breves de mindfulness podían mejorar la experiencia sensorial de comer, mientras decrecía la ingesta calórica, especialmente de alimentos poco sanos. Por lo tanto, este estudio manifestó la existencia de un vínculo entre el mayor disfrute del comer y el menor consumo calórico subsiguiente, enlazando así los beneficios tanto psicológicos como fisiológicos derivados de alimentación consciente.

Del mismo modo, se han realizado estudios recientes con pacientes que han pasado por una cirugía bariátrica[2]. Los resultados mostraron que las intervenciones basadas en mindfulness pueden ser efectivas para reducir el comer emocional, aunque

---

[2] Técnicas quirúrgicas utilizadas para tratar la obesidad, como la reducción del tamaño del estómago.

no el peso, ofreciendo, a su vez, la posibilidad de adquirir nuevos hábitos y de mantenerlos a largo plazo.

Específicamente, un estudio dirigido por la doctora Jennifer Daubenmier, también de 2016, utilizó el programa basado en mindfulness desarrollado por Jane Kristeller en 1999, el Mindfulness-Based Eating Awareness Training (MB-EAT), en individuos obesos. Los resultados se mostraron prometedores en cuanto a la pérdida de peso, además de que se detectó una reducción de la glucosa en sangre y una disminución de los triglicéridos. Aunque parece que este último resultado no se mantuvo a largo plazo, el resto de variables mostraron cambios de relevancia clínica.

Por otro lado, una revisión de la literatura, mostraba cambios positivos en los comportamientos relacionados con la ingesta en 18 de 21 estudios examinados. Además, de los 12 estudios que tenían como objetivo el trastorno por atracón, 11 mostraban mejoras en la frecuencia y/o gravedad de los atracones.

Otra revisión, en este caso un metanálisis de 2015 de K. L. Olson y C. F. Emery, centrado en la pérdida del peso, mostró que de los 19 estudios identificados para revisión, 13 documentaron una pérdida significativa de peso entre los participantes en un programa de mindfulness. Aunque los resultados de peso podrían sugerir que mindfulness es beneficioso para la pérdida de peso, parece que las fortalezas y debilidades metodológicas de los estudios dañan esta visión optimista. El estudio metodológicamente más fuerte de los observacionales no encontró una asociación significativa entre pérdida de peso y mindfulness al completar el programa.

Finalmente, otro metanálisis más reciente, dirigido por A. Ruffault en 2016, no apoyaba la hipótesis de que el entrenamiento en mindfulness tuviera efectos en la disminución del índice de masa corporal (IMC), pero sí que contribuía a una disminución de la impulsividad, de los atracones y el incremento de los niveles de actividad física en individuos con obesidad. A pesar de las propias limitaciones de estos estudios, los resultados son prometedores, sobre todo en lo que concierte al trastorno por atracón.

Todavía existen pocos estudios controlados que examinen los mecanismos mediante los cuales las técnicas de mindfulness actúan sobre los comportamientos alimentarios. A ello se suman las limitaciones metodológicas propias de cada estudio, haciéndose necesarios diseños de investigación más rigurosos. Muchos de los estudios que se presentan en los metanálisis examinados utilizan otros tratamientos basados en la evidencia, como la terapia de aceptación y compromiso (ACT) o la terapia dialéctica comportamental (DBT), que incluyen un componente de mindfulness, pero que no son exclusivamente terapias basadas en la atención plena, sino un conjunto de técnicas diferentes, sobre todo en la DBT. Estas técnicas son efectivas para el tratamiento de una variedad de trastornos psicológicos, pero llevan a la pérdida de control sobre el componente específico de mindfulness como elemento de ayuda de los comportamientos y síntomas relacionados con la alimentación.

También son pocos los ensayos controlados rigurosos que han examinado los mecanismos por los cuales las intervenciones basadas en mindfulness dirigidas a la conducta alimentaria pueden mejorar la salud metabólica. Aunque estas intervenciones a menudo incluyen componentes conscientes de la alimentación, sabemos muy poco acerca de si los cambios que se producen sobre la base de las técnicas de mindfulness median los efectos del entrenamiento en la salud metabólica.

En la línea de los estudios revisados, también podemos concluir que las técnicas de mindfulness ayudan a las personas con patrones de ingesta inadecuados a ser más conscientes de dichos patrones y de sus sensaciones corporales, y de re-direccionar la atención hacia el propio cuerpo, ya que proporcionan un mayor control sobre sus sensaciones, pensamientos y comportamientos. Esto, en su conjunto, ayuda a disminuir el afecto negativo, la impulsividad y, como hemos visto en los estudios anteriores, los atracones. Generalmente, el comer emocional disminuye y el bienestar aumenta. Es por ello que nuestro grupo (Grupo de Investigación en Salud Mental en Atención Primaria de Aragón [GISMAP]) está empezando a ofrecer a la población estas prácticas dirigidas a fomentar la alimentación consciente y que brindan herramientas que pueden mejorar el bienestar psicológico y alimentario.

CAPÍTULO 7
PROGRAMAS DE MINDFUL EATING EXISTENTES: EFICACIA Y LIMITACIONES

INTRODUCCIÓN

Como hemos visto en capítulos anteriores, existen algunas investigaciones que estudian el impacto que tiene mindfulness sobre los comportamientos alimentarios. Estos estudios pretenden esclarecer los mecanismos que actúan sobre el comportamiento para poder construir protocolos estandarizados adaptados a la problemática alimentaria, de forma que, una vez demostrada su efectividad, puedan ser aplicados en la práctica clínica. Entre la literatura revisada, encontramos, por un lado, como principal protocolo el Mindfulness-Based Eating Awareness Training (MB-EAT), creado por Jean Kristeller y Ruth Q. Wolever y, por otro, el Mindful Eating-Conscious Living, elaborado por Jan Chozen Bays y Char Wilkins.

PROGRAMAS

Mindfulness-Based Eating Awareness Training (MB-EAT)

Este protocolo fue desarrollado particularmente para el tratamiento del trastorno por atracón y síntomas derivados. Los individuos que presentan esta psicopatología muestran una marcada dificultad para manejar el sufrimiento emocional, además de una gran falta de consciencia interoceptiva, donde se incluyen las sensaciones de hambre y saciedad.

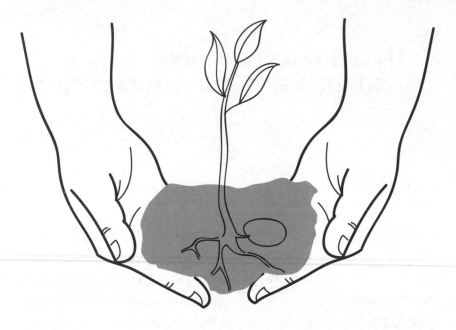

Entre las perspectivas que tratan de explicar estos comportamientos, destaca el aspecto de la «desconexión» de la experiencia interna, ya mencionado en apartados anteriores, que lleva a establecer patrones alimentarios inadecuados. Los individuos con atracones buscan dietas tradicionales que pueden ser eficaces a corto plazo, pero que fomentan la desconexión interna e incrementan la rigidez personal y la dificultad de reaprender hábitos adaptativos.

Uno de los enfoques a los que este protocolo ha prestado gran atención es la teoría de la autorregulación, establecida por Shauna Shapiro y Jeffrey Schwartz en 2000, la cual postula que los procesos reguladores internos del cuerpo dependen en gran parte de la capacidad de auto-observación de los estados internos. Por lo tanto, el ejercicio de la autoconsciencia puede tener como resultado una activación de los sistemas reguladores. Como los autores exponen: «Una de las metas principales del programa MB-EAT es re-regular el equilibrio entre los factores fisiológicos y los factores no nutritivos que impulsan la alimentación». Es por ello que el programa se centra en potenciar y entrenar los procesos auto-reguladores relacionados con el apetito, el equilibrio emocional y el comportamiento.

Las técnicas de mindfulness son una buena herramienta para entrenar el foco atencional y, por tanto, la autorregulación. Es por ello que el programa se centra principalmente en este mecanismo, pero con un énfasis en los procesos de ingesta en sí. Desde el MB-EAT se anima a los participantes no solo a practicar meditaciones sino también, y más importante, a reconocer fortalezas, a aumentar la apertura a la experiencia, a entrenar la atención, a aumentar la autoconsciencia con aceptación y sin juzgar lo que sucede en la experiencia interna, y a detectar y conocer los patrones relacionados con la alimentación, la auto-aceptación, la compasión y el perdón. Estos últimos tienen una gran importancia a la hora de interrumpir los ciclos de atracón, auto-recriminación y el exceso de restricción tan característico de las personas con patología alimentaria. Todo ello con el objetivo final de volver a involucrar los procesos fisiológicos naturales de regulación de la ingesta y mantener el cambio.

Estructura del programa

El programa MB-EAT está estructurado en diez sesiones que tratan de introducir gradualmente elementos formales de la práctica de mindfulness general, además del comer consciente en particular. Asimismo, trata de fomentar la autoconsciencia y potenciar la auto-aceptación. A continuación se detallan los conceptos principales que se trabajan y la forma de hacerlo:

- *Cultivando mindfulness*

En este apartado, el programa MB-EAT hace hincapié en la importancia de la meditación consciente, para entrenar la capacidad de focalizar la atención, aumentar la consciencia, desactivar la reactividad y, finalmente, introducir el «no-juicio» de la experiencia. Para ello se realizan meditaciones guiadas y formales, pero también se pide que se lleven estos procesos/mecanismos a la experiencia de comer. Este proceso se va generalizando a los demás aspectos de la vida cotidiana. Después de cada práctica, se hace una puesta en común de las experiencias que son discutidas por el grupo.

- *Cultivando el «mindful eating»*

En las primeras sesiones, se realizan diferentes ejercicios de atención plena con el propósito de ayudar a los asistentes a concienciar y reequilibrar aspectos de la alimentación que normalmente están desregulados en personas con trastornos alimentarios. Los ejercicios tienen como principal objetivo sensibilizar las sensaciones de hambre física y de saciedad. También se pretende enseñar a detectar los desencadenantes de las ingestas no deseadas y el tipo de alimento seleccionado en las mismas. Para cumplir estos objetivos, se entrena a los participantes a través de meditaciones guiadas, educación nutricional, diferenciación entre hambre física y emocional, e identificación de pensamientos. Los objetivos iniciales se centran en aspectos únicos de la alimentación consciente (por ejemplo, sabor, ritmo, atención al hambre...) para desarrollar habilidades específicas. Sin embargo, los objetivos posteriores se encuentran orientados a la integración de diferentes habilidades al atender, no solo al hambre física, sino también dirigir la atención hacia la elección de alimentos, el sabor, la textura, la plenitud, los pensamientos y los sentimientos antes, durante y después de la comida.

- *Cultivando el equilibrio emocional*

Como Jean Kristeller y Ruth Wolever manifiestan en sus artículos, parece que no hay duda de que la conducta de comer responde a necesidades emocionales, más para algunos individuos que para otros, y en respuesta a unas emociones más que a otras. Por tanto, la práctica de mindfulness puede ayudar a potenciar la consciencia de los disparadores emocionales y de los patrones de alimentación, y permite actuar y romper el ciclo de reactividad, además de aumentar el bienestar emocional.

- *Cultivando la auto-aceptación*

El programa también pretende desarrollar y mejorar la aceptación y el «no-juicio» de la experiencia, de forma que se fomente la auto-regulación emocional y, a su vez, la auto-regulación con la alimentación. En este apartado, se explora la relación con el propio cuerpo físico, pero también con los sentimientos y las emociones hacia uno mismo y hacia los demás. Asimismo, se trabaja fomentando el honor y la sabiduría, con el objetivo principal de desarrollar una mejor relación con el yo, una mayor actitud de bondad y de compasión. Estas cualidades se entrenan a través de técnicas tales como la respiración consciente, el *body scan*, prácticas de yoga, prácticas compasivas (como la práctica de la bondad amorosa o la meditación del perdón) y la meditación caminando, entre otras.

Aunque estos contenidos están estructurados específicamente en ocho sesiones, algunos, como el autocuidado, el placer de comer, la auto-aceptación y la confianza en las interacciones personales, se refuerzan continuamente durante todas las sesiones.

Eficacia del programa MB-EAT

Aunque ya se han mencionado anteriormente algunos puntos sobre la eficacia de este programa, en este apartado vamos a tratar de ampliar la información sobre los estudios que lo han utilizado.

La primera investigación que puso en marcha este programa fue el estudio piloto y exploratorio llevado a cabo por Jean Kristeller y Brendan Hallet en 1999, cuyos resultados mostraron importantes cambios en el comportamiento y el estado emocional de los participantes. Concretamente disminuyó la intensidad y el número de atracones, además de los síntomas depresivos y ansiosos, que mejoraron durante el tratamiento, aunque estas mejorías se mantuvieron de forma limitada a largo plazo.

En el mismo, los participantes informaron de que, además de las técnicas específicas relacionadas con la alimentación consciente, también fueron importantes los ejercicios de mindfulness y compasión que no estaban relacionados con «el comer», puesto que les ayudaron a resolver sentimientos de ira hacia sus seres queridos, sentimientos que en ocasiones disparaban los episodios de atracón. Además, estas técnicas contribuyeron a que se desprendieran de la voz crítica, un aspecto que, según los autores, parece importante para el éxito de la intervención. Como los mismos autores manifiestan en su artículo, hay que tomar con cautela la información debido a las limitaciones del propio estudio.

Por su parte, en 2012 C. K. Miller dirigió un estudio piloto prospectivo, controlado y aleatorizado, donde se aplicó el programa MB-EAT a individuos con diagnóstico de diabetes mellitus tipo 2. Los resultados del estudio indicaron que el entrenamiento en mindful eating es factible, bien aceptado y eficaz en la reducción de la ingesta energética y de la carga glucémica. Aunque este estudio fue piloto, remarcó elementos importantes que más adelante podrán ser confirmados y que todavía es importante investigar.

Más recientemente, en 2014 un equipo liderado por Jean Kristeller realizó un estudio controlado y aleatorizado donde se reducían muchas de las limitaciones de su estudio anterior. Los resultados obtenidos fueron similares, con mejoras tales como una mayor capacidad para identificar y utilizar la consciencia interna (señales de saciedad y hambre), y una menor ingesta de alimentos de alto aporte calórico. Esta vez, los seguimientos se extendieron hasta los cuatro meses, periodo en el cual las mejorías se mantuvieron. Los resultados también son consistentes con otros trabajos piloto que han combinado elementos del MB-EAT con elementos del programa MBSR y que mostraron mejoras en la alimentación, peso, estado de ánimo y regulación fisiológica.

Otro estudio relevante fue dirigido por Jennifer Daubenmier en 2016. Se aplicó el programa en población con sobrepeso y obesidad, junto con elementos del programa Mindfulness Based Stress Reduction (MBSR) de Kabat-Zinn, y se obtuvieron resultados prometedores en cuanto a la pérdida de peso, a una reducción significativa de la glucosa en sangre y a una disminución moderada de los triglicéridos, aunque este último resultado no se mantuvo a largo plazo. Además, los participantes que siguieron el programa mantuvieron reducciones en la ingesta de alimentos dulces durante más tiempo que los participantes del grupo control. Asimismo el aumento del comer consciente se relacionó con una mayor pérdida de peso, una menor relación triglicéridos / HDL y una tendencia a menos glucosa en ayunas.

Este mismo estudio señala un elemento importante que no se ha tenido en cuenta en otros estudios similares: el instructor. Parece que la eficacia de la práctica de mindfulness dirigida a la pérdida de peso puede estar influida por esta variable. En el estudio, los grupos dirigidos por instructores que fueron clasificados por los participantes como «más útiles» durante la intervención perdieron 4,3 kg más a los 18 meses en comparación con los grupos dirigidos por un instructor calificado como «menos útil», una diferencia a tener en cuenta.

Conclusión

Los procesos utilizados en el programa MB-EAT pueden estar influyendo en la regulación de sistemas neuronales que se encuentran implicados en las conductas impulsivas, de ahí los buenos resultados en lo que refiere a los atracones. El programa

MB-EAT es valioso como intervención, puesto que actúa en elementos clave como son la impulsividad, la atención, el cuerpo, la compasión... para modificar comportamientos desadaptativos. Aún así, se hacen necesarias más investigaciones que ayuden a determinar si se pueden confirmar o fortalecer los beneficios potenciales que hemos descrito y que los estudios muestran.

Mindful Eating-Conscious Living (ME-CL)

Este protocolo fue desarrollado por Jan Chozen Bays y Char Wilkins con el objetivo de ayudar a las personas a establecer una relación sana con la comida alejada del control del peso y las dietas. A lo largo del programa, se realizan variados ejercicios tales como atención hacia los alimentos, meditaciones simples, movimientos suaves e información útil, que gradualmente ayudan a construir una relación diferente y sana con nosotros mismos y la alimentación. Este programa hace principal hincapié en la importancia de los silencios y de la compasión.

Los silencios

El silencio es importante, ayuda a la mente a renovarse. Tal y como expresan las autoras: «Nuestras mentes tienen dos modos de funcionar, pensar y ser conscientes. Cuando pensar es nuestro modo dominante, por ejemplo, cuando pensamos sobre el pasado y la ansiedad hacia el futuro llena nuestra mente, nos cansamos. Cuando la consciencia abierta es nuestro modo dominante, entramos en las ricas experiencias del momento presente, y nuestro corazón y mente pueden relajarse». El silencio permite introducirnos en nuestra propia experiencia, permite escucharnos, observar todo los elementos que se producen en la mente y en el cuerpo, y ser más conscientes de nosotros mismos y del entorno. Sin embargo, la cantidad de estímulos que nos rodean en nuestro día a día y los ruidos ambientales que nos

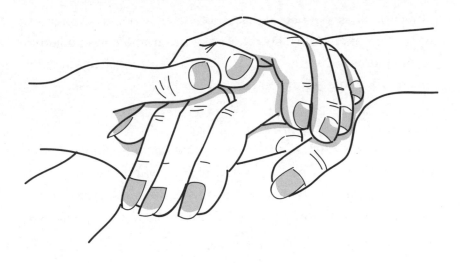

enturbian cada momento hacen que sea muy difícil tener esos momentos de silencio que pueden producir alivio.

La compasión

Es una cualidad innata del ser humano y por lo tanto necesaria. Un elemento esencial del programa que, en este sentido, tiene como objetivo fomentar el equilibrio en la vida, la amabilidad y la compasión hacia uno mismo y hacia los demás. Las autoras se plantean la compasión como un elemento esencial debido al deterioro que existe de la misma en gran cantidad de individuos, lo que lleva en muchos casos al desorden. Por tanto, el programa trata de retomar esta cualidad y re-entrenarla. Muchas personas que presentan dificultades alimentarias tienen a su vez una personalidad perfeccionista, lo que les lleva a generar gran cantidad de dudas y juicios constantes que desembocan en el desorden y el malestar. De ahí la importancia de trabajar la compasión, la bondad y la autocrítica.

Por ese motivo, en el programa ME-CL se busca enseñar habilidades que van más allá de las propias técnicas de mindfulness en sí mismas. Técnicas de atención consciente hacia el cuerpo, hacia la alimentación y hacia la compasión. Todas y cada una de ellas son necesarias y potencian aspectos diferentes. Es por ello que, juntas, enriquecen el programa con el objetivo de guiar a los individuos en sus vidas y de ofrecer herramientas que les ayuden a sentirse mejor y a aprender a quererse.

Estructura del programa

El programa ME-CL está estructurado en ocho sesiones de dos horas a dos horas y media, que introducen elementos de la alimentación consciente, técnicas formales de mindfulness y elementos de compasión y bondad. A continuación se detallan cada una de esas sesiones:

- *¿Qué es la atención plena?*
  ¿Por qué y cómo aplicarla a la alimentación?

  En esta primera sesión se introduce a los participantes en la práctica de mindfulness, definiendo el concepto y mostrando su aplicación. Concretamente se les habla de mindful eating, de sus principios, de los diferentes tipos de hambre que existen y se educa sobre la necesidad de comer. Para ello se realizan prácticas formales de mindfulness, de forma que se aprenda a detectar los pensamientos y los movimientos conscientes, además de prácticas específicas de mindful eating, que permiten experimentar las sensaciones de saciedad, de hambre, de plenitud (como, por ejemplo, la práctica de la «uva pasa»)... Tras cada práctica se deja un tiempo para comentar las experiencias y ponerlas en común. Se anima a los participantes a que practiquen en casa las diferentes habilidades aprendidas durante el curso.

- *Disminuir la velocidad al comer / Pausa y hambre*

  En esta segunda sesión, en primer lugar se revisan las posibles dificultades que los sujetos pueden encontrar en la práctica en casa. Posteriormente, se procede de la misma forma que en la sesión anterior, aunque, en este caso, se analizan los conceptos de alimentación distraída (la alimentación no-mind-ful). Se practica la meditación al caminar y se comienzan a trabajar las sensaciones de hambre y saciedad, a través de las sensaciones físicas y mentales, es decir, se enseña a reconocer lo que está sintiendo en el cuerpo, lo que están pensando y la emoción que está activa, además de la relación entre estos elementos. Posteriormente, se pasa a aquellos elementos que pueden llevar a confusión con el hambre física y se entrena el comer pausado y lento.

- *Plenitud y satisfacción*

En esta tercera sesión, se enseña a los participantes a conocer cuán llenos están, se les invita a explorar las sensaciones de su estómago y, en consecuencia, a determinar el grado de hambre que tienen en ese momento. Posteriormente, se realiza una práctica con un alimento para poder experimentar mejor la sensación de plenitud. La segunda parte de la sesión se basa principalmente en la satisfacción, como sentimiento emocional. Se entrena a los participantes a conocer sus niveles de satisfacción con los alimentos y sus sensaciones de hambre o plenitud.

- *Identificar patrones condicionados en torno a la alimentación*

En esta sesión, los individuos tienen que explorar los patrones relacionados con la alimentación que siguen en sus casas. Para ello, se les invita a realizar una práctica de rastreo conductual en la infancia y analizar si mantienen patrones que aprendieron de niños. La idea es que indiquen ¿quién?, ¿qué?, ¿cuándo?, ¿dónde?, el ambiente emocional, si existen reglas o posibles recompensas y castigos relacionados con la conducta de comer. Una vez detectados los patrones habituales, se indaga si esos patrones les hacen sentirse bien o si, por el contrario, son elementos que quieren cambiar. De esta forma se trabaja con el objetivo de detectar patrones desadaptativos de alimentación y se motiva a los sujetos a cambiarlos, en el caso de que así lo deseen. En esta sesión también se trabaja con la ansiedad emocional, algo muy común entre personas con sobrepeso. Se trata de que los individuos puedan detectar esta emoción de ansiedad y tengan herramientas para controlarla. Para ello se retoma el comer pausado y se proporcionan pautas que ayuden a ingerir los alimentos con una mayor lentitud. Una de las pautas es realizar una «minimeditación» antes de ingerir cualquier alimento. Esta meditación permite tomar consciencia del momento de «comer» y ayuda a frenar la mente alterada, fomentada por la ansiedad y el entorno.

- *Emociones y consciencia corporal*

Esta sesión está centrada en el cuerpo. Aunque es un tema difícil que muchos sujetos no quieren tratar, es un elemento importante que se debe explorar. Para ello se utilizan técnicas como el *body scan* o escaneo corporal, que ayuda a potenciar la conexión con cada una de las partes del cuerpo, incluidas aquellas que no nos gustan. Un segundo objetivo es conocerse emocionalmente y ayudar a los individuos a poner nombre a lo que sienten. En muchas ocasiones, las personas que presentan dificultades con la alimentación también presentan problemas para identificar y poner nombre a estas emociones (alexitimia) y esto, a su vez, puede potenciar las dificultades para regularlas, lo que lleva a una mayor ingesta de alimentos. Es por ello, que también se trata de un punto clave que hay que trabajar en cualquier programa.

- *Comida y estado de ánimo*

Los alimentos pueden ir asociados a recuerdos y a emociones, tanto positivas como negativas. Por tanto, conocer en profundidad y explorar cuáles son estos alimentos y qué tipo de emociones o recuerdos nos activan es un elemento esencial de la sesión. Además, puede ayudar a corregir ciertos patrones automáticos que se asocien inconscientemente con esos fenómenos mentales y emocionales. Como en cada sesión, estas habilidades se adquieren a través del entrenamiento en la práctica formal (e informal, con las tareas entrenadas en casa) y de la discusión de cada experiencia.

- *Ansiedad por comer*
  Como hemos comentado en apartados anteriores, las emociones pueden suponer un desencadenante de la conducta de comer. Un ejemplo que todos hemos experimentado es el aburrimiento. El problema puede deberse a la dificultad de reconocer nuestras emociones o por la dificultad de gestionarlas. Varios estudios de investigación han presentado la conducta de comer como una estrategia de evitación ante las emociones intensas, tales como la ansiedad o la tristeza. Esta sesión pretende trabajar precisamente estos aspectos, a través de conocer mejor nuestras emociones, los fenómenos mentales y el cuerpo, lo que permite tener un mayor conocimiento de la experiencia y, por tanto, una mejoría en la gestión emocional. Mindfulness puede ayudarnos a detectar esos pensamientos, esos momentos de ansiedad, de impulsividad, y frenarlos con mejores resultados. En este apartado se retoma la consciencia corporal, permitiendo a los participantes volver a conectar con cada una de las partes del cuerpo de una forma amable y compasiva.

- *Trabajando con el hambre del corazón*
  En esta última sesión se recuerdan elementos de las sesiones anteriores y se focaliza posteriormente en el hambre del corazón, es decir, en el comer cuando existe un sentimiento de anhelo que está siendo confundido con la sensación de apetito. Hacernos conscientes de estos procesos puede ayudarnos a corregir patrones de alimentación que eran inadecuados y, en oca-

siones, excesivos. Es por ello que se entrena a los participantes en detectar esos alimentos que les reconfortan cuando están tristes, ansiosos o simplemente que sustituyen un estado emocional que no quieren experimentar. También se debate qué es lo que sucede cuando ingieren esos alimentos reconfortantes, si les alivian o si, por el contrario, se unen a otra emoción negativa. Una vez detectados estos elementos, se les proporcionan diferentes pautas y distintas actividades que pueden sustituir esos alimentos y que, sin embargo, ayudan a sentirse mejor.

Eficacia del programa MB-CL

MB-CL todavía es actual y novedoso por lo que no existen estudios controlados en las bases de datos que lo hayan utilizado. Además, para poder aplicar este programa íntegramente, es necesaria una formación concreta proporcionada por las autoras que está dividida en dos cursos. A pesar de la ausencia de estudios, está claro que el programa utiliza elementos comunes con el MB-EAT, además de elementos específicos de mindfulness y compasión que presentan una eficacia conocida y mejoran ciertos síntomas clínicos y aumentan el bienestar. Cabe destacar que el programa no está orientado a la pérdida de peso, sino a cambiar la relación con la comida. Esto marca una diferencia con el MB-EAT en el que, aunque el objetivo principal también es el cambio relacional con la alimentación, sí se evalúan y se tienen en cuenta las variaciones en el peso.

CONCLUSIÓN

Ambos programas son muy completos e integran elementos de alimentación y de mindfulness que ayudan a reducir la impulsividad y la ansiedad, mejoran la relación con nosotros mismos, con nuestros pensamientos y emociones y, a la vez, nos permiten cambiar patrones desadaptativos tanto individuales como relacionados con la alimentación. Hemos elegido estos programas porque son los que establecen un protocolo claro con sesiones bien definidas. Existen diferentes estudios que aplican elementos de estos programas individualmente, mezclándolos o creando programas híbridos para un estudio puntual, pero no se encuentran protocolizados.

El MB-EAT y el MB-CL ofrecen herramientas diferentes a las dietas e incluyen elementos que van mucho más allá de un comer sano y pautado. Es por ello que es importante explorar y conocer los resultados que tienen en los diferentes grupos poblacionales para indagar más en el conocimiento de la alimentación consciente y de sus beneficios, y, de esta forma, difundir nuevos tratamientos que funcionen, que ayuden a los individuos con problemas en la conducta alimentaria y que sean alternativos a las famosas dietas.

CAPÍTULO 8
INSTRUMENTOS QUE MIDEN MINDFUL EATING

INTRODUCCIÓN

Son muchos los cuestionarios que han tratado de evaluar las variables que intervienen en los diferentes patrones alimentarios, tanto a nivel general como en relación a los trastornos específicos de la conducta alimentaria. Aunque encontramos evaluaciones sobre diferentes elementos relacionados con la ingesta (como la ansiedad, la auto-eficacia, la restricción, los tipos de pensamientos, etc.), pocos son los que intentan medir el comer consciente (o mindful eating). Esto se debe a lo novedosa que es la técnica y, aún más, su aplicación en la alimentación. De hecho, la primera evaluación específica que encontramos data del año 2009. Debido a los buenos resultados que parece estar teniendo mindfulness aplicado a la alimentación, este ámbito se encuentra en constante crecimiento. A lo largo de este capítulo se van a presentan cuestionarios específicos de mindful eating y también algunos relacionados con la evaluación en la alimentación.

CUESTIONARIOS ESPECÍFICOS DE MINDFUL EATING

Mindful Eating Questionnaire (MEQ)

Creado en 2008 por un equipo dirigido por Celia Framson, esta escala consta de 28 ítems divididos en 5 factores, que se contestan mediante una escala tipo Likert de 4 puntos. El primer factor trata de medir la desinhibición; el segundo, la autoconsciencia; el tercero, las claves externas que nos llevan a la alimentación; el cuarto evalúa la respuesta emocional asociada; y, finalmente, el quinto mide la distracción. Es decir, los ítems que se encuentran dentro del «factor de distracción» evalúan los pensamientos que pasan por nuestra mente mientras comemos, y los ítems dentro del «factor de consciencia» evalúan cómo somos de conscientes ante los alimentos o en los momentos en los que nos relacionamos con la comida.

Sus características psicométricas son adecuadas. Cada sub-escala, aunque el número de ítems no es homogéneo y varía entre tres y ocho, mostró buena consistencia interna, situándose el alfa de Cronbach[1] entre 0,64 y 0,83. Los ítems, por su parte, presentaron correlaciones moderadas entre las subescalas, oscilando entre 0,57 y 0,71.

Mindful Eating Scale (MES)

Esta medida fue creada en 2014 por L. Hulbert-Williams, W. Nicholls, J. Joy y N. Hulbert-Williams con el objetivo de presentar una escala multifacética con sub-escalas a nivel conceptual que se superponen con otras medidas de mindfulness ya establecidas. Está compuesta de 74 ítems en su versión original y se divide en 6 factores:

1. La aceptación
2. La consciencia
3. La no-reactividad
4. La rutina
5. Actuar con consciencia
6. El comer desestructurado

---

[1] Coeficiente que mide la fiabilidad de una escala de medida.

Se trata de elementos que se relacionan con los mecanismos de mindfulness y, por tanto, que se pueden entrenar mediante la práctica, pero relacionados específicamente con la conducta y la alimentación. Como la anterior, esta también se responde en una escala tipo Likert de 4 puntos, siendo 1 (nunca), 2 (raramente), 3 (a veces) y 4 (normalmente).

En lo que se refiere a las características psicométricas del MES, podemos decir que muestra unas buenas propiedades, con un alfa de Cronbach que varía de 0,60 a 0,89 en las escalas, y unas correlaciones entre las subescalas también de carácter moderado y que fluctúan entre 0,41 y 0,73.

Ambas medidas tienen componentes de atención plena que se relacionan con conductas alimentarias. Sin embargo el MEQ parece alejarse de la definición estándar de la atención plena propuesta por Jon Kabat-Zinn en 1994 y presenta unos factores en su estructura algo diferentes de los mecanismos genéricos de las técnicas de mindfulness. Es decir, no contiene ninguna escala de aceptación o de no-juicio. Esto es especialmente importante, puesto que hay algunos componentes de la atención plena que podrían estar relacionados con ciertos tipos de conductas alimentarias (*véase* capítulo 6).

CUESTIONARIOS DE MINDFULNESS

Five Factor Mindfulness Questionnaire (FFMQ)

En su versión española, este cuestionario planteado en 2006 por R. A. Baer, G. T. Smith, J. Hopkins, J. Krietemeyer y L. Toney tiene 39 ítems. Los ítems se clasifican en una escala tipo Likert de 5 puntos que varía de 1 (nunca o muy raramente) a 5 (muy a menudo o siempre es cierto). Analiza cinco facetas de mindfulness:

- *Observar*. Evalúa la atención a los estímulos que aparecen en el campo perceptivo. Implica la habilidad de percibir, reconocer y sentir aquellos estímulos que están sucediendo.

- *Describir*. Hace referencia a la capacidad de detallar o nombrar con palabras la experiencia.
- *Actuar con consciencia*. Implica tomar consciencia de los actos y conductas específicos de cada acción.
- *No enjuiciamiento*. Tanto de la experiencia interna como externa. El no juicio se refiere a tener una visión ecuánime ante los pensamientos, sensaciones o emociones que se perciben.
- *No reactividad*. Se refiere a aquel distanciamiento que obtenemos con la práctica de mindfulness, que ayuda a evitar acciones impulsivas.

La versión española del FFMQ presentó un alfa de Cronbach que oscilaba entre 0,80 y el 0,91, con una adecuada consistencia interna de las escalas. Estos resultados son muy similares a los obtenidos por escala original.

Mindfulness Attention Awareness Scale (MAAS)

En 2003, K. W. Brown y R. M. Ryan presentaron este autoinforme de 15 ítems, que miden la tendencia general a prestar atención al momento presente en un individuo. Los ítems se responden de acuerdo a una escala tipo Likert, siendo 1 (casi siempre) y 6 (casi nunca), y las respuestas proporcionan una puntuación total. En su versión española, posee una consistencia interna de 0,897 (alfa de Cronbach) y presenta correlaciones positivas con otros constructos, tales como la apertura a la experiencia, la inteligencia emocional y el bienestar; y correlaciones negativas con estados emocionales como la ansiedad social.

Además de los presentados anteriormente, existen otros cuestionarios para la medición de mindfulness, como, por ejemplo, la escala de conexión corporal (SBC), el Freiburg Mindfulness Inventory (FMI-14), el Toronto Mindfulness Scale (TMS) o el Kentucky Inventory of Mindfulness Skills (KIMS), aunque las presentadas son las más utilizadas.

A pesar de la variedad de instrumentos, estas medidas no serían capaces de captar la falta de atención específica de la alimentación.

CUESTIONARIOS RELACIONADOS CON LA INGESTA

Dutch Eating Behavior Questionnaire (DEBQ)

Este cuestionario, creado en 1986 por T. van Strien, J. E. R. Frijters, G. P. A. Bergers y P. B. Defares, mide tres diferentes estilos de ingesta: restrictivo (restringir la ingesta calórica para disminuir o mantener el peso), externo (comer en función de claves externas visuales u olfativas, entre otras) y emocional (comer en respuesta a emociones intensas). El cuestionario consta de un total de 33 ítems que son respondidos mediante una escala Likert de 5 puntos que varía de 1 (nunca) a 5 (muy frecuente). Hay 10 ítems destinados a medir el comer restrictivo, otros 10, el comer externo y 13, para el comer emocional. Altas puntuaciones en este cuestionario indican una mayor frecuencia de cada uno de los tres tipo de comer: restrictivo, externo o emocional.

Esta escala está validada en población española (concretamente en mujeres). La escala española presenta una fiabilidad medida con el alfa de Cronbach de 0,79.

Three Factor Eating Questionnaire (TFEQ)

De A. J. Stunkard y S. Messick, es un cuestionario de autoevaluación desarrollado en 1985 para medir componentes cognitivos y conductuales de la alimentación. El instrumento contiene en su versión original 51 ítems, pero podemos encontrar la versión sueca con 36 ítems validada en población obesa. Esta última versión presenta un formato de respuesta «sí» o «no». Las escalas principales que mide son: restricción cognitiva (21 ítems), desinhibición (16 ítems) y hambre (14 ítems). La restricción cognitiva está diseñada para medir si existe un control de la ingesta de alimentos. La desinhibición mide episodios de pérdida de control sobre la alimentación y la escala de hambre se refiere a sentimientos subjetivos de hambre y posibles antojos.

Existe una versión española de este cuestionario, el TFEQ-R18, que incluye 18 ítems respondidos en un escala tipo Likert que va de 1 (definitivamente cierto) a 4 (definitivamente falso). El cuestionario mide tres aspectos diferentes del comportamiento alimenticio similares a los de la escala anterior: por un lado, la alimentación restringida (definida como restricción consciente de la ingesta de alimentos con el objetivo de controlar el peso corporal y/o promover la pérdida de peso); en segundo lugar, el comer incontrolado (la tendencia a comer más de lo habitual debido a una pérdida de control sobre la ingesta); y, finalmente, el comer emocional (comer como respuesta a diferentes emociones). Los estudios han informado que TFEQ-R18 tiene coeficientes de fiabilidad de consistencia interna adecuada para las tres subescalas, así como para el cuestionario completo (entre 0,75 y 0,87).

Emotional Eater Questionnaire (EEQ)

En 2012, G. Garaulet junto a otros investigadores establecieron este cuestionario que fue desarrollado para medir el comer emocional en población obesa española. Presenta 10 ítems contestados en una escala de 4 puntos, desde 1 (nunca) a 4 (siempre). Cuanto menor es la puntuación más saludable es el comportamiento. Las puntuaciones entre 0-5 indican comedor no emocional; puntuaciones entre 6-10, bajo comedor emocional; puntuaciones entre 11-20, comedor emocional y puntuaciones entre 21-30, comedor muy emocional. Evalúa tres dominios: el primero es la desinhibición; el segundo, el tipo de comida que los individuos suelen ingerir habitualmente y, finalmente, el tercer factor se refiere al sentido de culpa, que los individuos pueden presentar al comer alimentos prohibidos.

Este cuestionario presenta una consistencia interna medida con el alfa de Cronbach con valores de 0,77 para la subescala de «desinhibición», 0,65 para la subescala de «tipo de comida» y 0,61 para la subescala de «culpabilidad».

Restraint Scale

Ya en 1975, C. P. Herman y D. Mack presentaron este cuestionario compuesto de 10 ítems que se responden en una escala tipo Likert de 0-4, que va desde «nunca» a «siempre». Está dividido, principalmente, en dos subescalas, la primera de las cuales se refiere a la preocupación por la dieta y la segunda está relacionada con las fluctuaciones en el peso. Esta escala fue también validada por el equipo de T. van Strien en 2007 en personas con peso normal y con sobrepeso. En ella se mantuvieron las dos escalas pero se eliminaron dos de los ítems iniciales.

Para la muestra de peso normal, el alfa de Cronbach fue de 0,81 para la «escala de preocupación por la dieta», de 0,68 para la escala de «fluctuación por la dieta» y de 0,84 para la escala total. Los coeficientes alfa de Cronbach para la muestra con sobrepeso fueron 0,65, 0,72 y 0,73 respectivamente.

The Emotional Eating Scale

Esta escala, creada en 1995 por B. Arnow, J. Kenardy y W. S. Agras, evalúa el deseo de comer en respuesta a 25 diferentes emociones. Por lo tanto, es un cuestionario de 25 ítems, que se responden en una escala de 5 puntos (desde «no deseo comer» a «un deseo abrumador de comer»). Evalúa enfado/frustración, ansiedad y depresión. Los resultados indicaron que esta escala es consistente internamente y que, además, demuestra una estabilidad temporal adecuada. Todas las subescalas se correlacionaron significativamente. Por lo tanto, la evidencia sugiere que los individuos que tienden a comer compulsivamente presentaron un mayor deseo de comer cuando experimentan emociones negativas.

CONCLUSIÓN

Como hemos podido observar, existen diferentes cuestionarios que evalúan distintos aspectos de la ingesta, tales como comportamientos, emociones, pensamientos... Sin embargo, hasta la fecha, solo se han hecho un par de intentos para desarrollar escalas específicas orientadas a evaluar la alimentación consciente. Estas dos escalas no se encuentran validadas en población española; únicamente se ha publicado una versión breve del MEQ (20 ítems) en población italiana. Nuestro grupo (Grupo de Investigación en Salud Mental en Atención Primaria de Aragón [GISMAP]) se encuentra actualmente realizando la validación de la MES y del MEQ, para poder usarlos en nuestra población.

Hemos presentados algunos cuestionarios que pueden ser interesantes a la hora de plantear y diseñar intervenciones, pero no son los únicos que hay. En la siguiente tabla mostramos algunas medidas más que podemos encontrar en la literatura y que, en función de lo que queramos evaluar, pueden servirnos de ayuda en la práctica clínica.

Tabla 1. Otros cuestionarios relacionados con la ingesta		
ESCALA	ÍTEMS	CARACTERÍSTICAS GENERALES
Eating Self-Efficacy Scale (Glynn y Ruderman, 1986)	Consta de 25 ítems, medidos en una escala de 7 puntos.	Valora la ingesta en diferentes estados emocionales.
Self-Regulation of Eating Behavior Questionnaire (SREBQ) (Kliemann, Beeken, Wardle y Johnson, 2016)	Es un cuestionario de 5 ítems, que se puntúa con una escala de 1-5 puntos.	Evalúa las diferentes habilidades para controlar el comportamiento, los pensamientos, restringir las intenciones de comer, controlar la atención y ser consciente del comportamiento respecto a la comida.
Eating and Appraisal Due to Emotions and Stress (EADES) (Ozier et al., 2007)	Compuesto de 54 ítems, evaluados con una escala de 1-5 puntos.	Evalúa tres dominios: habilidad y recursos de afrontamiento, alimentación relacionada con las emociones y el estrés, evaluación de factores externos de estrés e influencias.
Eating in Emotional Situations Questionnaire (EESQ) (Rollins et al., 2011)	Presenta 11 ítems que se responden de forma dicotómica con «sí» o «no».	Dirigido a niños de 11 a 17 años de edad. Evalúa el comer en situaciones emocionales.

Weight-related eating Questionnaire (WREQ) (Schembre, Greene y Melanson, 2009)	Compuesto de 105 ítems evaluados con una escala tipo Likert de 1-5 puntos.	Evalúa 5 dominios: restricción rígida, restricción flexible, sobreingesta pasiva, sobreingesta activa y comer emocional.
Intuitive Eating (Tylka)	Consta de 21 ítems, medidos a través de una escala de 5 puntos.	Se centra en la dependencia de las señales internas de hambre y saciedad, en comer por razones físicas más que emocionales y en el permiso incondicional para comer.
Eating Attitude Test-26 (EAT) (D. M. Garner y Garfinkel, 1979)	Tiene 26 ítems. Existen otras versiones con 40 ítems (EAT-40).	Se ha utilizado principalmente como medida de diagnóstico para los trastornos de la alimentación. Mide la dieta, la bulimia, la preocupación alimentaria y el control.
Eating Disorder Inventory (EDI) (D. Garner, Olmstead y Polivy, 1983)	Es una medida de 64 ítems. Auto aplicado.	Diseñado para la evaluación de rasgos psicológicos y conductuales comunes en anorexia nerviosa y bulimia. Consta de ocho subescalas que miden: delgadez, bulimia, insatisfacción con el cuerpo, ineficacia, perfeccionismo, confianza interpersonal, consciencia interoceptiva y miedo a la madurez.

SCOFF (Luck *et al.*, 2002)	Incluye 5 ítems que se responden con «sí» o «no».	Se ha desarrollado para identificar a nivel de la población general y en el entorno de atención primaria las características psicopatológicas básicas de la anorexia y la bulimia. Explora el comportamiento y la pérdida de control, la preocupación por el peso, los episodios de atracones, la pérdida de peso y la dieta, la insatisfacción corporal y los pensamientos intrusivos.
Weight Loss Behavior Scale (WLBS) (Smith, Williamson, Womble, Johnson y Burke, 2000)	Consta de 35 ítems puntuados en una escala de 1-5.	Presenta 5 escalas: preocupación por la dieta y el peso, ejercicio, sobreingesta, evitación de comidas dulces o grasas y comer emocional.

Algunos de estos cuestionarios están relacionados entre sí. No es de extrañar puesto que dificultades como las que se presentan en los trastornos de la alimentación (por ejemplo, el trastorno por atracón y la bulimia nerviosa) suelen incluir un elemento de alimentación emocional. Además, la décima versión de la *Clasificación internacional de enfermedades* (CEI-10) de la Organización Mundial de la Salud incluye una categoría diagnóstica especial para aquellos que comen en exceso en respuesta a un evento traumático. Por tanto, un estilo de ingesta emocional puede considerarse como factor de riesgo para los problemas relacionados con la ingesta, tales como el sobrepeso, la obesidad o incluso los trastornos de la conducta alimentaria. Aunque se desconoce hasta qué punto la alimentación emocional puede contribuir a la obesidad, es importante conocer y medir estos patrones para poder diseñar intervenciones dirigidas a su modificación y prevenir posibles trastornos. Entre estas intervenciones se incluye mindfulness, que está obteniendo buenos resultados según los estudios revisados (*véanse* los capítulo 6-7). En respuesta a estos desarrollos esperanzadores, los investigadores y los clínicos necesitarán mejores herramientas para medir las variables pertinentes relacionadas con el cambio clínico deseado, y mejorar así las intervenciones y asegurar la recuperación de los pacientes. Es por ello que se hacen necesarias más investigación y mejores medidas en lo que respecta a mindfulness en la alimentación.

CAPÍTULO 9

COMER CON ATENCIÓN PLENA EN 8 SEMANAS

INTRODUCCIÓN AL COMER CON ATENCIÓN PLENA

- Presentación
- Normas básicas para el funcionamiento del grupo
- Trabajo sobre las expectativas
- Fundamentos del programa de mindful eating
- La práctica de las cuatro uvas pasas
- La postura en mindfulness
- Concepto de mindfulness
- Actitudes a desarrollar en mindful eating
- Otros aspectos de la primera sesión

PRESENTACIÓN Y FORMACIÓN PREVIA DEL INSTRUCTOR

La alimentación consciente no es una técnica, es más bien un proceso, un camino que la persona ha de recorrer siguiendo su propio ritmo.

Al inicio del programa es recomendable que el instructor empiece con una presentación personal, en la que además de su motivación se incluya la formación y la experiencia que tenga en el ámbito de la alimentación consciente. Desafortunadamente, hoy en día es frecuente que muchas personas se ofrezcan para dirigir grupos de mindfulness sin suficiente práctica personal y formación previa. Es importante solicitar y asegurarnos de que la persona encargada de dirigir y guiarnos por este camino ha seguido previamente una guía, se ha formado lo suficiente y ha practicado.

NORMAS BÁSICAS PARA EL FUNCIONAMIENTO DEL GRUPO

Desde la primera sesión, se trata de dejar claros los principios sobre los que se estructura mindfulness y, concretamente, los relacionados con mindful eating. En cualquier grupo de mindfulness es imprescindible invertir unos minutos en aclarar la filosofía y en compartir las normas por las que nos vamos a regir durante las ocho sesiones.

El trabajo con grupos es una labor compleja que requiere habilidades grupales específicas y donde la pericia del facilitador cobran máxima importancia. Cuando un grupo comienza, sea como en este caso de mindful eating o de cualquier otra intervención terapéutica, se convierte en un ser vivo que evoluciona por sí mismo. Posee una personalidad propia donde cada sesión puede ser una oportunidad para avanzar y compartir o convertirse en algo nada productivo o incluso desaconsejable.

Se han de dejar claras una serie de pautas o reglas del juego para que todo el mundo se sienta siempre cómodo en este espacio. Se pide que en estos grupos haya confidencialidad y respeto. Pese a que mindful eating no es una terapia como tal, es posible que a lo largo de las sesiones algunas personas compartan experiencias que incluyan aspectos de su intimidad que no querrán que salgan del grupo. En esos casos, las participantes deben saber que cualquier información que se comunique en las sesiones no será revelada fuera del grupo. Tampoco es recomendable que, al finalizar una sesión, nos acerquemos a quien ha compartido una experiencia muy personal para recabar más información, aunque sea con la mejor de las intenciones. Antes hay que preguntar, con mucho tacto, si realmente quiere hablar más sobre el tema y nunca se deberá forzar a que se hable si no se desea.

Por otra parte, el respeto es fundamental dentro de los grupos. Se han de respetar los comentarios de los demás y no criticar nunca ni a la persona ni la experiencia. Cada cual ha podido vivir situaciones diferentes o no estar de acuerdo en lo que se expresa, pero las opiniones siempre deben respetarse sabiendo que cada individuo es único y cada experiencia compartida constituye un regalo para el grupo, y así hay que manifestarlo.

El compromiso en el proceso se adquiere a nivel personal y con el grupo. El compromiso personal consiste en asistir al máximo número de sesiones y tratar de trabajar los distintos aspectos que se tratan en las mismas. El compromiso con el grupo implica aportar las propias experiencias y reflexiones si se desea compartirlas. Tanto este hecho como la asistencia al máximo número de sesiones posible aumenta la cohesión del grupo, uno de los factores más terapéuticos, y facilita que todos compartan ese compromiso futuro.

Otro valor que se pone de manifiesto al inicio del programa es que se debe ofrecer apoyo al grupo. El grupo se puede entender como un organismo vivo en el que nos podemos apoyar buscando, a veces, respuestas o, en otras ocasiones, simplemente comprensión y seguridad. En este sentido, también conviene aportar nuestras reflexiones y experiencias para nutrirlo y mantenerlo sano. Mindful eating descansa sobre los valores y principios mindful de aceptación y no juicio. Aceptación de la experiencia propia y ajena tal y como es. Y el no juicio de la experiencia, evitando categorizarla como buena, mala o indiferente.

TRABAJO SOBRE LAS EXPECTATIVAS

En la primera sesión, muchas personas desarrollan expectativas poco realistas sobre lo que esperan al asistir a un grupo de alimentación consciente. Tener metas en nuestras vidas no es algo intrínsecamente negativo. Sin embargo, se convierten en barreras cuando constituyen metas inalcanzables o poco razonables, que generan mayor frustración cuando no se consiguen. Por ello, merece la pena detectar al inicio del programa expectativas que no se ajusten a la realidad o metas que pudiesen generar un posterior malestar.

Por tanto, tras presentarnos como facilitador del grupo, podemos invitar a cada participante a que se presente a su vez y comparta lo que quiera sobre sí mismo, recomendando que diga su nombre, su procedencia, su experiencia previa en mindfulness y qué espera tras finalizar el programa. Al hacer esta presentación breve de cada uno, nos fijaremos en estas expectativas para volver a ellas al hablar y explicar los principios y fundamentos de mindful eating.

FUNDAMENTOS DEL PROGRAMA DE MINDFUL EATING

Es importante que a lo largo de las sesiones haya espacio para la teoría y para compartir experiencias, pero sobre todo para la práctica. Siempre es recomendable empezar con una práctica, que puede ser más o menos breve dependiendo de la sesión. Al inicio del programa habrá personas que nunca han tenido ningún tipo de contacto con la meditación, así que se recomienda empezar con una práctica corta, sencilla y bien conocida como es la práctica de los tres minutos o de los tres pasos. Esta práctica inicial permite anclar mejor la atención de los participantes que acaban de llegar a la sesión y suelen tener todavía su atención dispersa. No es imprescindible tener una formación previa de mindfulness, aunque pueda ayudar. Todos mantenemos una relación con la comida distinta e individual y es la introducción de la atención plena en esa faceta de nuestra vida lo que vamos a trabajar.

Los principios del programa han de dejarse claros desde la primera sesión. Que se centre en la alimentación no significa que se trate de un programa de pérdida de peso. De hecho no se prescribe ninguna dieta específica, ni se restringe ningún tipo de alimento. Es cierto que, en la bibliografía existente, algunas aplicaciones de mindful eating buscan como objetivo la pérdida de peso, pero no es así en este programa.

No hay experiencias o respuestas buenas o malas, solo hay decisiones que se van tomando a lo largo del programa. Solo aprendizaje. Por ello es tan importante la escucha del propio cuerpo. Ya sabemos que en mindfulness es la consciencia corporal es básica, pero aún cobra mayor valor en mindful eating, donde las sensaciones corporales guían nuestras decisiones conscientes respecto a los patrones de ingesta.

No se reconocen respuestas o experiencias buenas o malas pero sí existen diversos grados de consciencia. Nuestras decisiones con respecto a qué comer, cuándo y cuánto son un claro ejemplo de cómo una persona toma la decisión de una manera automática o más consciente y sabia. De esta forma, la persona no siente que cometa errores culpabilizándose por ello, sino que es consciente en cada momento del grado de atención que ha puesto y de cómo, en el futuro, es capaz de cambiar ese grado de consciencia por uno que le guíe a decisiones más sabias.

Se trabaja promoviendo el equilibrio, la decisión consciente y la sabiduría de cada cual, para que momento a momento sea una persona libre y capaz de manejar de forma óptima pensamientos y emociones. Decisiones que apoyen la salud y el bienestar y lleven la atención a cada momento. Alguien que come con atención plena acepta que sus experiencias al comer son únicas. Se enfatiza la idea de que la calidad es más importante que la cantidad y de que el autocuidado y la aceptación propia son los reales motores del cambio.

Uno de los principios más importantes de este programa, que lo diferencia de otras estrategias en el campo de la alimentación, es el relacionado con el mantenimiento a largo plazo de los nuevos patrones de ingesta. Los cambios que las personas experimentan son fruto de la observación, son cambios que la persona decide tomar por ella misma. Esto significa que no vienen impuestos por parte de ningún compañero o facilitador, si no que provienen del interior, por lo que el mantenimiento a largo plazo es más sencillo y natural. Los cambios que perduran son los cambios que se originan de una manera consciente desde el interior de la persona.

Estas expectativas y principios se resumen y se trabajan con una pregunta al inicio de la primera sesión:

¿Qué pasaría si tras estas ocho semanas, aunque no hubieras perdido peso, tuvieras más control sobre la comida y, por tanto, sobre tu vida? ¿Y si sintieras que ese cambio es permanente por que algo se ha modificado dentro de ti?

Por sorprendente que parezca, en nuestra experiencia guiando grupos no ha habido ni una persona que no sintiese esta meta como una motivación suficiente, por sí misma, para empezar el camino que hay que recorrer hacia una alimentación más consciente. Dejar un espacio de reflexión para que cada uno responda personalmente a esa pregunta permite una integración con la que los mismos participantes se liberan de ciertas expectativas que no puedan alcanzar y que provoquen culpa, vergüenza o frustración.

LA PRÁCTICA DE LAS CUATRO UVAS PASAS

Tras la presentación de los principios y si no hay preguntas respecto a lo comentado, se inicia una segunda práctica que constituye una adaptación de la práctica de mindfulness por antonomasia: la uva pasa. En este caso se realiza con cuatro uvas pasas.

Tras cada práctica y tras cada meditación se suelen comentar las experiencias y las dificultades que se hayan tenido. Las experiencias son algo que nutren y aportan un valor complementario fundamental en mindfulness. Además, el hecho de compartirlas y verbalizarlas facilita la integración y puede dar respuesta a las demás personas que las escuchan. Tras esta práctica de comer primero 3 uvas pasas podemos quizá analizar por qué decidimos comer una más o parar de comer, y experimentar la sensación de cómo se puede comer menos y con una mayor satisfacción. Estos son aspectos que se reflexionan con el grupo que compartirá sus comentarios y reflexiones. Habitualmente, mucha gente se sorprende a sí misma porque para de comer tras disfrutar al máximo de ese alimento en ese momento. Otras personas comerán la cuarta uva pasa y, como ya sabemos, no estará mal. No, mientras se haya tomado la decisión desde una consciencia plena. La consciencia respecto a las decisiones en torno a la comida es algo que se trabajará a lo largo del programa desde varias perspectivas y que tiene una vital transcendencia para la aplicación del programa.

Uno de los aspectos más importantes de esta práctica es que pretende crear un «espacio». Hacer consciente el intervalo que hay entre el estímulo y la respuesta, es decir, ver una cuarta uva pasa y detenerme a preguntarme si realmente deseo comerla. No importa si finalmente se come o no. Lo que importa es si nos damos cuenta de cómo tomamos la decisión y de qué factores intermedian en el resultado. ¿Qué sensaciones físicas tengo? ¿Qué pensamientos? ¿Qué emociones? ¿Me dejo guiar por una voz interior?¿Escucho a mi cuerpo y a sus señales? Llevar ahí la consciencia supone, para muchos, volver a tomar el control de su alimentación. Pero para llegar a ello es inapelable pararnos y ser más conscientes de las decisiones que tomamos.

Para muchas personas que se inicien en el camino de la alimentación consciente es posible que sea el primer contacto con mindfulness; por ello es importante contextualizar el programa y explicar cómo son otros protocolos de mindfulness, como el MBSR, el MSC o el MBCT. Entendemos que no es necesario haber hecho un curso previo de mindfulness, pero sí es necesario dar una definición clara de qué es y qué no es, así como describir la evidencia científica y los beneficios que produce su práctica.

Esto es importante porque uno de los objetivos de esta primera sesión debería ser el fomento de la práctica en casa. Dar razones para meditar y que la persona practique aumenta el grado de consciencia de los patrones de pensamiento y de reacción, y favorece que empiece a controlarlos. La práctica nos permite observar qué pasa en nuestra mente antes de actuar como solemos hacer. Nos ayuda a regular el flujo de pensamientos y emociones, dejándonos así una decisión más clara y libre.

LA POSTURA EN MINDFULNESS

Lo normal cuando personas noveles comienzan un programa de mindful eating es que tengan dudas sobre la postura a adquirir. Nos podemos detener en este punto para explicar que, al igual que en mindfulness no se ha de llegar a posturas complicadas para los occidentales, en mindful eating se puede practicar sentado en una silla. Hay que tener en cuenta que la espalda debe estar recta pero relajada, las manos pueden apoyarse sobre los muslos o las rodillas, y las plantas de los pies descansar completamente apoyadas sobre el suelo. Siempre es preferible que la espalda no descanse sobre el respaldo de la silla para evitar la somnolencia, pero en líneas generales la postura debe ser natural y cómoda, ya que nos evitará movernos en exceso o sentir tensión o dolor con la práctica.

CONCEPTO DE MINDFULNESS

Tras haber contextualizado mindful eating dentro de mindfulness y de su historia, conviene dar una definición clara de lo que abarcaría el concepto y el ámbito de aplicación. La primera definición publicada es la de Celia Framson en 2009 y describe mindful eating como: «la toma de consciencia amable de las sensaciones físicas y emocionales que aparecen durante un ambiente relacionado con la comida». Pese a no ser una definición muy compleja nos deja tres aspectos importantes. El primero es tomar consciencia, fundamental en el trabajo con mindfulness ya que nos permite realizar los cambios necesarios que deseamos. En segundo lugar, tiene en cuenta las sensaciones físicas y emocionales. Esta es una distinción importante con la que trabajaremos a lo largo de las sesiones, observando la relación que hay entre emociones y pensamientos, y los desencadenantes de la conducta de comer. Y por último habla de la relación con la comida. Uno de los objetos de cambio a lo largo del programa debe ser el cambio en la relación de uno mismo con la comida. Desde la decisión de qué compramos hasta cuánto cocinamos o cómo comemos. La relación con la comida constituye el objeto de observación y cambio fundamental en mindful eating para tratar de hallar un equilibrio saludable con la comida.

Mindfulness se ha desarrollado como una herramienta muy valiosa que ha permitido de manera sistematizada aplicar programas para la reducción del estrés, el tratamiento de la depresión y sus recaídas, y el mejor manejo de las emociones y de los pensamientos. Pero ¿por qué un protocolo sistematizado para la alimentación? ¿Por qué mindful eating ahora? Se invita, en esta primera sesión, a que los participantes respondan a esta pregunta. Se pueden ofrecer datos objetivos, como que el 52% de la población española está por encima del peso considerado como normal y que cada vez los trastornos de la conducta alimentaria son más prevalentes. Mindful eating es más necesario que nunca puesto que, detrás de la comida, del peso, de la figura, de los pensamientos obsesivos, de lo que podemos denominar deseo mental, existe mucho sufrimiento. Por eso es vital cambiar nuestra relación con la comida por una mucho más saludable. En mindful eating se entiende que la alimentación es parte fundamental de la vida, fuente de placer, salud y compañía. Cada vez que nos alimentamos es una oportunidad para cuidarnos, respetarnos y darnos afecto a nosotros y a nuestro cuerpo.

ACTITUDES A DESARROLLAR EN MINDFUL EATING

Es importante nombrar y describir las actitudes que es necesario desarrollar. Habría más pero nosotros las resumimos en seis.

- *Compasión*. Paul Gilbert la definía sencillamente como la profunda consciencia del sufrimiento de uno mismo y de los otros seres, junto con el deseo de ayudar a evitarlo. La compasión es fundamental en ámbitos relacionados con mindfulness y viceversa, pero, concretamente, en relación a mindful eating es condición *sine qua non*. La forma en cómo nos tratamos a nosotros mismos se convierte en una relación que tenemos que cuidar y mimar. Lo mismo ocurre con qué nos decimos y en cómo lo hacemos. Sin compasión no hay cambio posible, por lo menos un cambio duradero. Los cambios que perduran son los provenientes de nuestro interior y nuestro interior debe estar lo más en calma posible. Trabajar con la voz crítica es fundamental, ya que suele estar presente cuando comemos de más, cuando nos pesamos, cuando nos probamos ropa o simplemente cuando nos miramos en el espejo. La compasión es el primer paso del camino y con ella de la mano vamos a ir sesión a sesión.

- *Observación*. La observación nos permite detectar emociones, pensamientos y sensaciones físicas que surgen a cada momento y que llevamos a nuestra consciencia al notarlos. La observación nos permite saber lo que está presente en cada momento. Con mindfulness lo hacemos tomando cierta distancia, desde la posición del Yo observador, con metacognición. Ello nos permite conocer más en profundidad toda la información de nuestro interior y de cuanto nos rodea, para tomar decisiones más conscientes y objetivas. En las primeras sesiones se fomenta la observación, sobre todo, de los patrones de ingesta automatizados. La única manera de traerlos a la consciencia es detectándolos y observando cómo se desarrollan, qué emociones hay presentes y qué pensamientos desencadenan estas conductas.

- *Aceptación*. La aceptación radical de la experiencia tal y como es permite observar sin juicios que nos aparten o nos aferren a todo cuanto acontece. Es habitual que determinadas emociones intensas nos ocasionen dolor. A menudo nos desbordan y tratamos de controlarlas mediante la comida. Para un óptimo manejo de los pensamientos y las emociones, la aceptación de la realidad y de todo lo que experimentamos es fundamental. Ser conscientes de qué emociones y en qué medida nos afectan es el primer paso, por lo que reconocerlas y aceptarlas será un motor de cambio. No nos quedamos resignados observándolas, si no que tratamos de cambiar nuestra circunstancia desde el no juicio y la aceptación.

- *Curiosidad*. Es el interés por descubrir por qué y cómo actuamos. Observar con curiosidad las sensaciones físicas, las emociones y los pensamientos nos permite aprender de nuevo lo que pensamos que ya sabemos. Es la gasolina que nos impulsa más allá de la experiencia y favorece que nos demos cuenta de todo cuanto sucede en el momento presente. La curiosidad impulsa el conocimiento y la experiencia y, junto a una mente de principiante, nos permite reconocer más específicamente, por ejemplo, las sensaciones físicas que se sienten al tener hambre, las emociones ligadas a un determinado alimento o qué solemos comer en un día estresante.

- *Motivación*. Su presencia es vital para modificar nuestra relación con la comida y para observar con curiosidad y querer cambiar los patrones de ingesta por otros más equilibrados y saludables. La motivación nos da la valentía necesaria para afrontar las distintas experiencias a lo largo de nuestro camino de alimentarnos más conscientemente. Sin motivación no se genera el cambio cuando este es necesario, sobre todo a lo largo de la primera mitad del programa donde es importante que exista esta actitud en el participante. Más tarde los propios resultados obtenidos reforzarán la conducta a largo plazo.

Existen, sin duda, más actitudes que las descritas para avanzar por el camino de la alimentación consciente, pero queremos resaltar estas por su aportación a la atención plena y al cambio de hábitos relacionados con la alimentación, que sentimos como fundamentales.

OTROS ASPECTOS DE LA PRIMERA SESIÓN

La primera sesión suele ser compleja ya que hay que definir los principios del programa, trabajar con las expectativas y motivar a la persona para emprender este camino. Sin duda, sería un buen resultado que las personas adquieran por sí mismas el compromiso como necesidad. Ocho sesiones con frecuencia semanal no es mucho tiempo. La mayoría de las personas lo viven como muy corto, pero puede ser suficiente para crear un cambio real que perdure en el tiempo. El compromiso que motivemos quizá influya en las prácticas que hay que realizar semanalmente o en la práctica regular de la meditación.

Se debe que recordar que cada sesión trata una temática distinta. Por ello es relevante intentar faltar al mínimo número de sesiones. Además, en cada sesión se propone una serie de prácticas para realizar a lo largo de la semana en casa. Es bueno que desde la primera sesión la persona integre las prácticas que se realizan en el grupo de una manera más personal, buscando y solucionando los problemas que se presenten y compartiéndolos con el grupo en la siguiente sesión.

Tras haber hecho la práctica de las cuatro uvas pasas se invita a que esa semana se intente comer de manera totalmente consciente una comida al día. Puede ser una pieza de fruta al día, un yogurt, un postre, etc. No tiene que ser un plato o una comida entera. Pero se recomienda comer cada día algo con atención plena, siguiendo la guía de la práctica de las cuatro pasas: tomándose el tiempo necesario y siendo plenamente consciente de todas las sensaciones que aparezcan durante el proceso. También se invita a que se busque un espacio durante el día donde se pueda realizar meditación formal. Cada persona tiene que encontrar, de manera individual, qué momento del día es más fácil para ella y el tiempo del que dispone. En sesiones más avanzadas se dedicará un espacio más detallado sobre cómo podemos estructurar mejor la práctica formal.

Es bueno que las personas dispongan de una hoja donde llevar el diario de la semana, es decir, donde apuntar las tareas para casa, las prácticas que realizan y las experiencias, dificultades y aprendizajes que vayan teniendo a lo largo de la semana. Es importante compartir más tarde con el grupo lo que va aconteciendo a lo largo de las sesiones. Desde nuestra experiencia, es recomendable enviar un email en el que se recuerden las tareas y las prácticas que hay realizar. A menudo salimos de ese oasis de consciencia que son las sesiones grupales y nos sumergimos en la rutina y el estrés habituales. Para evitarlo, algo tan sencillo como un correo recordatorio y motivador siempre ayuda y es bien recibido por la mayoría de la gente.

También es recomendable cerrar siempre la sesión con una breve meditación final. En ella podemos dedicar unos segundos para reforzar y agradecernos a nosotros mismos que reservemos un espacio cada semana para nosotros mismos, donde cuidarnos y aprender nuevas herramientas para encontrar una manera más saludable de vivir. Un espacio donde se encuentra una guía para realizar un camino de consciencia y hacer de nuevo las paces con la comida.

PRÁCTICA

LOS TRES MINUTOS

- **Paso o minuto 1: tomar consciencia del entorno, del cuerpo y de la experiencia interna.** Adopta una postura erguida y digna, acostado o sentado, y cierra los ojos. Después, empieza lentamente a tomar consciencia primero del entorno o lugar en que estás (sonidos, temperatura, etc.) y, posteriormente, de cómo está tu cuerpo en ese momento. Nota las sensaciones corporales como un todo: observa el contacto de tus piernas con la esterilla o con el suelo, el contacto de tu piel con el entorno, o alguna sensación agradable o desagradable que sientas en tu cuerpo en ese momento. Solo nota si están presentes y si cambian con el tiempo.

  Expande ahora tu consciencia hacia toda tu experiencia interna. Pregúntate por algunos instantes: ¿cuál es mi experiencia ahora?, ¿qué pensamientos pasan por mi cabeza en este momento?, ¿qué sentimientos o emociones se están produciendo?

  Sé consciente de tu experiencia en este momento de una forma global, observa todas las sensaciones y emociones que aparecen, sean agradables o desagradables, pero sin involucrarte en ellas. Solo tomando nota de si están presentes y si cambian con el tiempo.

- **Paso o minuto 2: respiración.** Ahora, vuelve a dirigir la atención hacia tus sensaciones físicas y, lentamente, tráela hacia tu respiración. Mira de cerca la sensación de respirar en el área de tu abdomen, en tu tórax. Toma lentamente consciencia de todas las sensaciones de la respiración en ese momento. Por unos instantes sigue tu respiración a cada inhalación y exhalación. No intentes modificarla, solo obsérvala en ese momento presente. Si aparece algún pensamiento o emoción, déjalo pasar y vuelve a la respiración. Así una y otra vez.

- **Paso o minuto 3: expansión de la consciencia.** Siente tu consciencia bajo la forma de una esfera transparente en el interior de tu cuerpo. Permanece así unos segundos. Siente que esa esfera, tu consciencia, va expandiéndose progresivamente incluyendo todo el cuerpo y, posteriormente, el entorno en el que estás. Se puede incluir también a todas las personas que se encuentran en esta ciudad. Me siento unido e identificado con ellas. Permanezco con esta sensación durante unos segundos. Poco a poco, expando mi consciencia hasta incluir este país y, progresivamente, todo el planeta. Me siento unido a todas las personas que viven en nuestro planeta y a todo el cosmos. Permanezco en esta sensación durante unos segundos. Ahora dirige, progresivamente, tu campo de consciencia hacia tu cuerpo como un todo, incluyendo tu postura y tu expresión facial. Y lentamente, cuando quieras, vuelve a abrir los ojos.

PRÁCTICA

4 UVAS PASAS

Para la realización de esta práctica, vamos a necesitar cuatro uvas pasas.

- En primer lugar, colocamos la primera de ellas en la palma de nuestra mano. Enfocamos nuestra atención en ella e imaginamos que estamos ante un producto exótico de un país lejano, que es muy difícil de encontrar y muy caro. Nunca antes habíamos visto este objeto y lo más probable es que no podamos volver a verlo ni a probarlo nunca más. Lo observamos. Dedicamos unos segundos a contemplar este exótico producto. Dejamos que nuestros ojos exploren cada parte, examinando este objeto desconocido. Vemos dónde están las zonas de luz, las zonas de oscuridad, si tiene pliegues, si tiene arrugas, si hay alguna simetría. Lo tocamos con los dedos y, durante unos instantes, lo giramos y acariciamos sintiéndolo entre nuestros dedos. Vamos a cerrar los ojos para poder aumentar el sentido del tacto e intentamos mantenerlos cerrados durante toda la práctica.

¿Qué textura tiene? ¿Es dura, suave, rugosa, pegajosa...? Tratamos de percibirlo. Acercamos ahora la uva pasa lentamente y con plena atención hacia nuestras fosas nasales y observamos las sensaciones que aparecen.

¿Qué aromas y fragancias percibimos? ¿Somos capaces de percibir sutilezas en su aroma? ¿Se está produciendo algún suceso interesante en la boca o en el estómago? Y vamos a dirigir esta uva pasa lentamente hacia nuestros labios, notando también los movimientos de la mano al desplazarse. La sentimos. Y con suavidad, la introducimos en la boca, sin masticar todavía.

Observamos la forma en la que se deshace en nuestra boca y dedicamos unos instantes a explorar todas las sensaciones. El siguiente paso es el de saborear. Cuando estemos listos, comenzamos poco a poco a masticar la pasa, sin tragarla todavía. Damos lentamente el primer mordisco y notamos una explosión de sabores en nuestra boca.

Observamos los diferentes sabores que se entremezclan: frutos rojos, azúcar, madera, etc. Poco a poco comenzamos a tragar la pasa. Observamos si podemos experimentar las sensaciones del trayecto que recorre desde la boca hasta llegar al estómago.

Observamos también las sensaciones que aparecen en nuestro cuerpo después de finalizar esta ingesta conscientemente... los posibles sabores y sensaciones que permanecen.

- Elegimos una segunda uva pasa y, de nuevo, dejamos que nuestros ojos exploren cada una de sus partes, examinándola. Vemos dónde están las zonas de luz, las zonas de oscuridad... si tiene pliegues, si tiene arrugas, si hay alguna simetría. Y acercamos la uva pasa lentamente y con plena atención hacia nuestras fosas nasales y nuestros labios, para sentir su textura y, finalmente, la introducimos en la boca sin masticar aún. Observamos la forma en la que se deshace en la boca. Cuando estemos listos, comenzamos poco a poco a masticar la pasa, sin tragarla todavía. Cuando lo consideremos, podemos comenzar a tragarla. Observamos si podemos experimentar las sensaciones del trayecto de la boca al estómago. Atendemos también las sensaciones que aparecen en nuestro cuerpo después de finalizar esta comida con atención plena.

- Cogemos la tercera uva pasa y de nuevo la comemos con atención plena. Esta vez ya guiados por nosotros mismos, de la misma manera a cómo lo hemos hecho con anterioridad.

- Y, cuando hayamos terminado nuestra tercera uva pasa, vamos a observar la cuarta. Con ella en la mano vamos tomar la decisión de comerla o no, sabiendo que no hay decisión ni buena ni mala. No hay respuesta correcta o incorrecta.
  Si decides comer la cuarta uva pasa está bien, si la dejas también está bien. Simplemente sé consciente al tomar esa decisión de cómo la has tomado, qué pensamientos afloran, qué sensaciones físicas, qué emociones. Qué factores influyen en la decisión.
  Dejamos que la respuesta surja de una manera natural. Podemos quedarnos en esa reflexión unos segundos. Si decides comer la cuarta uva pasa hazlo con atención plena y si decides no comerla puedes llevar tu atención de nuevo a la respiración.

MANEJO DE PENSAMIENTOS, EMOCIONES Y COMPASIÓN

- Bienvenida
- Revisión semanal
- Cómo estructurar la práctica formal
- Minimeditación
- Manejo de pensamientos y emociones
- Introducción a la compasión

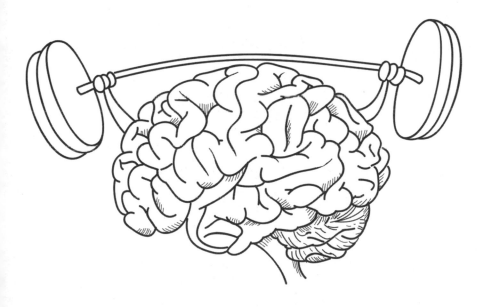

BIENVENIDA

Una semana no es mucho tiempo en comparación a toda una vida alimentándonos de una determinada manera. Sin embargo, aumentar la consciencia, en nuestro día a día, permite que nos demos cuenta de determinados patrones, pensamientos o emociones relacionados con la comida. Puede ser un punto de inflexión en nuestras vidas. Por lo tanto, no es extraño que en los grupos haya personas que vengan ilusionadas por compartir todo cuanto han descubierto la primera semana, o cosas que ya sabían pero de las que no eran del todo conscientes.

Es habitual que existan estas ganas de compartir lo experimentado, pero también es importante manejar los tiempos y hacer que las personas aterricen en el momento presente de la segunda sesión. Habrá espacio durante ella para compartir todo pero, antes de nada, seguiremos creando rutina, por lo que empezaremos con una pequeña meditación de bienvenida.

Podemos realizar la meditación de los tres pasos que ya practicamos en la sesión pasada, con el objeto de que las personas la integren y la practiquen en su día a día. En el MBCT (mindfulness basado en la terapia cognitiva), esta práctica se considera la espina dorsal del programa y también la consideramos como uno de los elementos clave en nuestro protocolo. Tras la práctica se pregunta sobre la experiencia y las dificultades surgidas durante la meditación.

Ahora sí es cuando se puede abrir un espacio para compartir, algo que en el programa se considera muy importante. Al inicio de las sesiones, y tras la práctica de bienvenida, las personas pueden comentar de manera libre lo que han experimentado durante la semana anterior. Todo es bien recibido siempre que parta de las experiencias que se han tenido relacionadas con el proceso de la alimentación. Pueden ser dificultades con la práctica, conductas de las que las personas se hayan dado cuenta que existen y de las que antes no eran conscientes, etc. Todo cuanto haya acontecido ha de ser recibido con curiosidad y ecuanimidad, sin juzgar.

REVISIÓN SEMANAL

Se puede estructurar este espacio lanzando al grupo unas cuantas preguntas del tipo: ¿qué hemos descubierto esta semana?, ¿hemos podido tomar una comida con atención plena cada día?, ¿hemos podido hacer un hueco para la práctica diaria?, ¿hemos tenido una experiencia similar a la que tuvimos al comer las cuatro uvas pasas?

Conviene dejar espacio suficiente para que todo el mundo participe, pero sin forzar el acto de compartir, de forma que la persona se sienta libre de hacerlo. Por norma general, tras una semana de observación, se han detectado aspectos interesantes que se desea explicar. Como facilitadores debemos recibir todo con ecuanimidad e interés, transmitiendo dicho interés por seguir investigando. En este libro existe un capítulo especialmente dedicado a la indagación, donde se describe la actitud del terapeuta en su guía a otras personas para aprender de sus propias experiencias. Este es el momento para desarrollar estas habilidades. Los espacios en los que las personas verbalizan lo que han experimentado son una buena ocasión para ayudarlas a que reflexionen sobre su propia experiencia. Suelen utilizarse preguntas del tipo: ¿qué estoy notando?, ¿en qué parte de mi cuerpo lo experimento?, ¿cómo es la sensación?, ¿me puede ayudar esto a mejorar?, ¿cómo?

CÓMO ESTRUCTURAR LA PRÁCTICA FORMAL

Es bueno en las etapas iniciales reforzar la práctica formal en casa. Para eso un excelente recurso es mencionar por qué meditamos en nuestro día a día, y la repercusión que puede tener sobre la alimentación. Se debe aclarar que meditar ayuda a encontrar más paz en la mente, más felicidad y una vida más saludable. Siempre hay algún motivo, alguna razón. Sin embargo, la auténtica motivación para practicar mindfulness sería estar en el presente, aquí y ahora; observar lo que hay en la mente, sea lo que sea, nos guste o no. Al principio es habitual que cueste estructurar una práctica regular. Por eso, hay que informar sobre cómo hacerlo y dar ciertas recomendaciones, como buscar un lugar tranquilo, no ruidoso, donde la temperatura sea agradable y donde la iluminación no sea excesiva. Es siempre preferible reservar un tiempo fijo para la práctica, ya que crear una rutina facilita la repetición de la conducta. Para no olvidar que hay que hacer las prácticas, se puede recurrir a alarmas en el móvil u otras estrategias que nos las recuerden.

MINIMEDITACIÓN

Se trata de incrementar el hábito de ser más conscientes de nuestro día, momento a momento, y de estar atentos a todo cuanto ocurre en los ambientes relacionados con la comida. Esta es una de las grande metas, pero es especialmente difícil de alcanzar cuando hablamos de conductas tan automatizadas como las relacionadas con la alimentación. Por ello, una pequeña herramienta con la que empezaremos a trabajar desde esta sesión es la minimeditación.

La minimeditación es una meditación muy breve que se recomienda realizar dos minutos antes de empezar a comer. Lo que buscaremos es tratar de observar todo nuestros repertorio de conductas y de hacernos conscientes de ellas. Habitualmente, cuando llegamos a casa después de trabajar, estamos muy hambrientos y devoramos de una forma rápida el plato de comida que tenemos delante. Cuando hemos terminado de comer, observamos a menudo el plato vacío. Las prisas, la activación emocional, en definitiva, la no consciencia del momento presente al sentarnos a comer hace que no nos paremos a sentir qué necesita nuestro cuerpo o cómo está nuestra mente.

Sin embargo, preguntarnos por cómo está nuestra mente es vital para detectar pensamientos que nos inquieten, para darnos cuenta del nivel de activación mental y de cómo fluyen los pensamientos unos tras otros. A menudo, no somos conscientes de lo absortos que estamos en una continua concatenación de ideas. Igual pasa con las emociones. Con la minimeditación, tratamos de observar qué emociones están presentes y de cómo estamos justo en el momento previo a una comida. De igual manera, podemos preguntarnos si la comida que tenemos delante lleva asociada alguna emoción determinada. No reaccionamos ante todas las comidas de la misma manera. Cada uno tiene su propio repertorio de respuestas. Se puede alimentar la curiosidad del grupo en el momento de la comida para que sean honestos observadores y vean cómo reaccionan emocionalmente de manera distinta dependiendo del día y del plato que tienen delante.

El último paso importante es hacer un barrido corporal rápido, tratando de escuchar todas las partes que en ese momento requieran nuestra atención. A menudo el cuerpo nos habla y es vital reconectarnos de nuevo con él, parándonos a escuchar lo que necesita en cada momento. Tras observarlo, es interesante que nos preguntemos por nuestro nivel de hambre. Podemos hacerlo en una escala de 0 a 10, donde cero sea «no tengo nada de hambre» y 10, «tengo mucha hambre». Es común que a muchos participantes de los grupos esto les parezca extraño porque no solemos discriminar cuánto hambre tenemos. Lo que hacemos es hablar del hambre como una variable dicotómica, donde no existen más valores que el «no tengo hambre» y «tengo mucha hambre». Sin embargo, todos sabemos que el hambre física es gradual. Lo podemos analizar simplemente retrasando una comida y observando los cambios en las sensaciones físicas que experimentamos. Cuantificar el grado de hambre nos permite tomar decisiones más conscientes, puesto que al saber cuánta hambre tenemos, podemos saber de una manera más exacta cuánta comida necesitamos.

Cuando empezamos a sentir hambre durante el día y no ingerimos nada, ese hambre se va incrementando poco a poco y es posible que lleguemos a casa con un nivel alto de hambre y comamos siendo poco conscientes. Es más saludable ser conscientes del hambre cuando la sintamos en niveles inferiores, ya que con menores cantidades de comida podremos satisfacerla. De nuevo, ser consciente de las sensaciones corporales, momento a momento, cobra más importancia que nunca.

Tras preguntarnos y analizar el nivel de hambre que tenemos, podemos hacer un breve escaneo corporal y buscar si hay alguna zona con tensión. Si la hay, debemos descansar ahí nuestra atención unos segundos y, con ayuda de la respiración, intentamos suavizarla. Si no la hay, es el momento de abrir los ojos y disfrutar plenamente de los alimentos que tengamos delante.

La minimeditación es una práctica muy breve y útil. Permite crear una pausa entre nuestro ajetreado día y el momento de empezar a comer. Es aconsejable que las personas sean capaces de integrarla en su conducta diaria. Con estos hábitos empezamos a cambiar lo que nos interesa para tratar de buscar un equilibrio al comer.

En esta meditación hay un momento exclusivo para la observación de la emociones. La necesidad de hacer conscientes las emociones nos revela que son una variable a tener en cuenta al alimentarnos. ¿O es que acaso solo comemos cuando tenemos hambre? La gran mayoría de personas hemos comido más de una vez sin hambre, simplemente por el hecho de estar deprimidos, ansiosos, aburridos o enfadados. Pero entonces, cómo podemos discriminar cuándo tenemos hambre y cuándo tenemos solo deseo mental.

En sesiones posteriores, nos introduciremos en los distintos tipos de hambre, pero, como introducción, podemos hacer una división general entre lo que se denominaría *hambre física* y *deseo mental.* Es una división básica pero que permite empezar a discriminar determinadas sensaciones con las que nos encontramos.

El hambre física se siente de manera gradual, mientras que el deseo mental suele ser repentino. Surge de manera rápida y puede haber una espera antes de saciarlo.

El hambre física se suele sentir normalmente en el estómago. Cada uno la percibe de una manera distinta, pero lo que mucha gente comparte es una sensación de vacío o pinchazo. Hay más sensaciones físicas para detectarla; lo veremos a lo largo de las sesiones. El deseo mental se observa sobre todo en la cabeza, surge como un impulso mental irrefrenable. Distinguir entre estos dos tipos de hambre requiere conectar con nuestro cuerpo y sus necesidades, estar atentos a las señales que nos manda y, en última instancia, ser buenos observadores de la parte de nuestro cuerpo que está hablándonos.

Cuando tenemos hambre física casi cualquier comida puede disminuirla, aunque haya alimentos que nos gusten más o menos y que sacian con distinta intensidad. El deseo mental puede llevar asociado el impulso de comer un alimento concreto que nos apetece más que ningún otro y que es el único que puede satisfacerlo. Este alimento depende de cada persona y varía según la circunstancia y a lo largo del tiempo.

Una última pista con la que trabajar para distinguir el hambre física de la emocional es saber que el hambre física se puede satisfacer de una manera sencilla y rápida mediante cualquier alimento. Por el contrario, el deseo mental es difícil de satisfacer. Una vez hayamos comido ese alimento que deseábamos, va a aparecer otro más en nuestra mente, y seguiremos comiendo sin satisfacer el deseo mental. Esta última es una de las grandes enseñanzas que valoramos en el programa y una idea que se puede resumir de esta forma:

> «El deseo mental, el vacío en nuestro corazón no se puede llenar con comida. Necesita llenarse con lo que necesitemos afectivamente, puede ser atención, cariño, compasión o amor. Tratar de llenarlo con alimentos no hará sino alimentar el círculo vicioso de las emociones y de las conductas negativas».

Es importante hacer énfasis en que esta división general nos ayudará a distinguir entre estos dos tipos de hambre, pero también hay que saber que se solapan. Es decir, que podemos experimentar deseo mental y hambre física en el mismo momento, por lo que deberemos desarrollar nuestros propios mecanismos para saber saciarlos de manera individual y de distintas formas. Es algo que se va aprendiendo a lo largo del programa, favoreciendo que cada persona sea capaz de observar sus propias experiencias y pueda modificar esos patrones de conducta asociados. Es importante, además, conocer que a veces se dan al mismo tiempo, ya que eso hará que nos preguntemos qué hambre está presente en cada momento, lo que nos llevará a decisiones más conscientes.

MANEJO DE PENSAMIENTOS Y EMOCIONES

Muchas personas jamás se han parado a preguntarse qué pasa por sus mentes en el momento de comer y, por ello, desconocen cómo actuar ante esos pensamientos o impulsos. Uno de los mecanismos más importantes de mindful eating es el manejo de pensamientos que llevan a un comer emocional. Por eso es interesante hacer una breve introducción sobre la naturaleza de los fenómenos cognitivos para favorecer así un mejor manejo de los mismos. Saber que son inevitables o que están fuera de nuestro control es liberador para muchas personas. Podemos crear un determinado pensamiento de manera voluntaria, pero una gran cantidad de los que tenemos a lo largo del día los genera nuestra mente de manera automática.

Reconocer estos pensamientos y aprender a dejarlos marchar es algo que requiere práctica. Además, es necesario saber que no son verdades, sino solo una interpretación de los hechos que ocurren a nuestro alrededor, lo cual es una fuente inagotable de malestar. Al mismo tiempo, cada pensamiento constituye una posibilidad de aprender cómo funciona nuestra mente y de cambiar nuestro catálogo de conductas. La práctica de la atención plena nos facilita este parar a observar y poder dejar pasar pensamientos o emociones en un determinado momento.

Más adelante veremos que no hace falta que las emociones sean excesivamente intensas para llevarnos al comer emocional, pero como son las más intensas las que más dolor causan, nos centraremos en ellas durante el programa.

Esta pequeña introducción a los fenómenos cognitivos se fundamenta en la importancia de saber, en cada momento, qué emociones y pensamientos estamos experimentando. Esto cobra una mayor importancia cuando empezamos a ser conscientes de la existencia de esa voz crítica, muy ligada a la alimentación, al peso y a la figura corporal. Por eso, la compasión es uno de los pilares fundamentales del programa y recomendamos empezar a trabajarla desde esta segunda sesión, ya que sin compasión no hay cambio posible desde el interior.

INTRODUCCIÓN A LA COMPASIÓN

Desde el punto de vista occidental, la compasión no es lo mismo de cómo se entiende en Oriente e incluso en psicología. Jennifer Goetz la define como «el sentimiento que surge de presenciar el sufrimiento de otro y que conlleva un deseo de ayuda». Otro experto en la materia, como Paul Gilbert, habla de la compasión como «la profunda consciencia del sufrimiento de uno mismo y del de otros seres, junto con el deseo de ayudar a evitarlo».

Compasión no es sentir pena para que haya un trato especial hacia esa persona, ni tampoco es debilidad. Por practicarla no vamos a disminuir la motivación para el cambio. Todo lo contrario, reconocer esas emociones negativas y trabajar la compasión nos hará más fuertes en el futuro, al tener más herramientas para trabajar aspecto emocionales de nuestra vida. La compasión motiva a la persona a romper ese círculo vicioso de pensamientos y emociones negativas, muchas veces críticas. Al romper el círculo nos da pie a generar otra serie de conductas nuevas, promotoras de salud. Tampoco es egoísmo. Cuidarnos a nosotros mismos es esencial, no podemos cuidar bien de lo demás si antes no nos ocupamos de nosotros mismos. Haber reconocido las emociones y haber trabajado con ellas es algo que se transmite en nuestra forma de actuar y, en definitiva, en nuestra forma de ser.

En lo relacionado con la comida y el aspecto físico, a menudo solemos centrarnos en las decepciones, en reprochar destructivamente nuestro comportamiento, convirtiéndonos en nuestros peores críticos. Además, estos pensamientos y emociones a menudo están ligados a un rechazo de nuestro propio cuerpo, sin generar la más mínima compasión.

Por ello es interesante dedicar unos minutos a una práctica basada en buscar una conexión con nuestro cuerpo, desde una perspectiva más amorosa y compasiva. La práctica del auto-contacto físico curativo nos permite cerrar esta sesión dándole la importancia que tiene al cuerpo y, sobre todo, a la actitud que tenemos con él.

Como tarea semanal para casa se puede sugerir que las personas practiquen las minimeditaciones antes de las comidas. Como prácticas formales, se puede alternar una práctica de la respiración y una de auto-contacto físico curativo. Además es bueno que se siga manteniendo la ingesta de un alimento con plena consciencia al día.

PRÁCTICA

MINIMEDITACIÓN

- Nos imaginamos preparándonos para sentarnos a comer solos. Colocamos la planta de los pies sobre el suelo, dejando que nuestras manos descansen cómodamente sobre los muslos, y cerramos los ojos.

- Respiramos de manera profunda y relajante, dejando que el aire fluya hasta sentirlo en la parte más distal del abdomen, notando cómo vuelve a salir y viendo cómo las respiraciones se ralentizan. Si identificamos algún área del cuerpo sometida a más tensión, nos focalizamos en ella.

- Una vez relajados, dirigimos nuestra atención a todo cuanto acontece en nuestra mente, observamos los pensamientos, y podemos preguntarnos: ¿cómo está mi mente en este momento?

- Observamos ahora las emociones presentes. Siendo conscientes de que están allí, podemos preguntarnos: ¿Cómo me siento en este momento? Dejamos que la respuesta surja de una manera natural y honesta.

- Podemos hacer ahora un breve escáner corporal, desde los pies hasta la cabeza. Vamos a tratar de preguntarnos por nuestro nivel de hambre, en una escala del 1 al 10, siendo 1 «no tengo nada de hambre» y 10 «tengo mucha hambre». ¿Cuánta hambre física tengo en este preciso momento?

- Y poco a poco vamos dirigiendo nuestra atención a la respiración, eliminando la tensión y cualquier malestar que podamos estar experimentando. A continuación observamos la comida que tenemos delante. Inspiramos y espiramos de nuevo.

- Observamos, sin juzgar, cualquier otro sentimiento, experiencia o pensamiento que nos pase por la mente, centrándonos en aquellos relacionados con comer en ese preciso instante, o relacionados con la comida que tenemos delante.

- Inspiramos, espiramos. Y muy despacio, podemos empezar a comer.

PRÁCTICA

EL AUTO-CONTACTO FÍSICO CURATIVO

- Nos tomamos un momento para encontrar una postura confortable. Relajándonos. Respirando profunda y relajadamente varias veces. Podemos cerrar los ojos si aún no lo hemos hecho.

- Ahora ponemos nuestra atención en las manos, fijándonos en la sensación de cualquier cosa que estén tocando... Imaginamos nuestras manos empezando a llenarse de amabilidad.... nuestras manos están llenas de amabilidad, cuidado, utilidad, ternura.

- Ahora, levantamos una mano y la ponemos sobre el brazo opuesto. Un toque suave. Un toque cuidadoso. Nos fijamos en nuestra reacción. Somos conscientes primero de la superficie de nuestro brazo, permitiendo a nuestra consciencia trasladarse a la profundidad de nuestro brazo, a los huesos que le dan rigidez, a los músculos que ayudan a moverlo y nos ayudan a coger lo que necesitamos.

¿Qué está pasando por nuestra mente? Observamos sin juzgar qué pensamientos surgen... Solamente tocamos con amabilidad... Levantamos nuestra mano con delicadeza y la bajamos. Somos conscientes, a la vez, de la superficie y de la esencia más profunda de nuestro cuerpo.

- Ahora, levantamos la otra mano, con delicadeza, poniéndola en el brazo opuesto... Un toque cuidadoso. De nuevo, observamos lo que sentimos. La subimos y la bajamos con cuidado. Somos conscientes de la superficie y el nivel más profundo de músculos y huesos. Nos fijamos en nuestra reacción. Observamos lo que está pasando por nuestra mente. Sin juzgar los pensamientos que surgen. Tocamos con amabilidad.

- Después, movemos ambas manos, llevándolas con delicadeza hasta nuestros muslos, las colocamos con cuidado de un modo en el que estemos cómodos. Quizá nos preguntemos si podemos tocar con una sensación de apreciación... aprecio por los huesos y músculos que nos sostienen y nos permiten movernos. Permanecemos completamente relajados, generando ternura por todos los sentimientos que aparecen. Acariciamos delicadamente nuestros muslos.

- Lentamente movemos nuestras manos hacia el estómago. Las dejamos descansando con el movimiento de nuestra respiración. Observamos nuestra reacción. Continuamos sintiendo la amabilidad de nuestras manos. Las dirigimos hacia todos los órganos y partes profundas de nuestro cuerpo que nos permiten vivir. Nos mantenemos con una sensación de sostener todo nuestro ser con ternura.

- Finalmente, colocamos una mano sobre nuestro corazón... Somos conscientes de nuestra respiración, de nuestro pulso. Sentimos el latido de nuestro corazón. Nos permitimos que pase a nuestras manos. Permitimos que el flujo de nuestros pensamientos venga y se vaya, venga y se vaya... Nos mantenemos conscientes de la sensación de ternura y cariño.

- Podemos dejar nuestras manos donde están. O si sentimos que hay otra parte de nuestro cuerpo sobre la que podríamos realizar este ejercicio, la tocamos con cuidado, moviendo nuestras manos hacia allí. Continuamos concentrados y con una sensación de afecto y reconocimiento hacia nosotros mismos.

- Y ahora volvemos conscientemente a nuestra respiración. Y cuando estemos preparados, abrimos los ojos con delicadeza. Lentamente devolvemos nuestra atención hacia los elementos de la sala, situándonos a nosotros mismos en la habitación.

DESEO MENTAL Y SACIEDAD

- Bienvenida
- Compasión
- Introducción al hambre consciente
- Desencadenantes emocionales
- Hambre y deseo

BIENVENIDA

Es común que las personas que participan en grupos de mindful eating se refieran al espacio de las sesiones como un oasis de calma y reflexión. En él, las personas practican, comparten y, sobre todo, son más conscientes de cómo se encuentran a nivel emocional y físico.

Es conocido que el efecto de la práctica grupal es más potente que el de la individual y esa es una de las razones para dedicar siempre un espacio de práctica en las sesiones. No obstante, la idea es conseguir que el incremento del nivel de consciencia sea diario y continuo. Que la práctica en las sesiones sea un potenciador de la práctica diaria en casa y que desencadene nuevas experiencias que nos permitan seguir indagando.

Es bueno recordar que uno de los objetivos principales de este programa es generar una oportunidad de cambio en la relación con la comida.

En la sesión anterior se habló de aspectos importantes: identificar patrones de comportamiento que se pudieran cambiar, identificar la voz crítica con uno mismo y ser conscientes de nuestros niveles de atención relacionados con la comida.

Vimos cuatro principios que sería importante reforzar: el espíritu de exploración, generar pequeños cambios en el día a día, encontrar cambios que causen resultados positivos, y buscar el equilibrio en la cantidad y la calidad. Recordar estas ideas a lo largo de las primeras sesiones facilita la integración por parte de los asistentes.

COMPASIÓN

Esta tercera sesión puede empezar con una práctica relacionada con unos de los componentes más importantes con el que acabó la segunda sesión: la compasión. Para ello, nada mejor que buscar el cambio en nosotros mismos con el mejor de los afrontamientos. La práctica del afrontamiento compasivo es una guía que ofrece una visión diferente de la que estamos acostumbrados a seguir. Podemos empezar la sesión con ella. En primer lugar, nos hace ser conscientes del sufrimiento que experimentamos ante un suceso y de cómo cambiarlo y generar un nuevo repertorio de conductas más equilibradas y saludables.

La experiencia nos describe dos tipos de sufrimientos ligados a un mismo hecho. Por un lado, el sufrimiento primario que es el que todos experimentamos por el mero hecho de estar vivos. En mindfulness (que toma esta enseñanza del budismo), se considera que existen tres sufrimientos primarios esenciales e inevitables: la vejez, la enfermedad y la muerte propia y de nuestros seres queridos. El sufrimiento secundario vendría dado por cómo interpretamos, sin aceptación, ese sufrimiento primario. A menudo, este sufrimiento secundario es prescindible, y el trabajo con el cambio en el afrontamiento de los problemas nos da amplitud de miras y experiencias para vivir estas situaciones de una manera más constructiva y menos punitiva. El cambio en el afrontamiento y el cambio respecto a cómo nos tratamos determina, en gran medida, nuestras propias conductas y sentimientos futuros.

Tras los comentarios sobre la práctica podemos introducir dos de los conceptos que vamos a trabajar en esta sesión: el hambre consciente y los desencadenantes del comer emocional con la práctica de «mindful eating larga».

Como en todos los inicios de las sesiones, y después de comenzar con una práctica, pasamos a compartir las experiencias que hayamos tenido a lo largo de la semana, así como a las dificultades o las novedades que hayan aparecido en el proceso.

Sobre el espacio en el que se comparte, no es recomendable forzar las intervenciones y es preferible que ocurran de una manera natural. Indefectiblemente, siempre habrá personas que compartan más que otras y, en ese caso, se ha de respetar. Si se percibiera como necesario, se puede centrar la mirada en la gente que quizá necesita una pequeña ayuda para lanzarse. A menudo, por falta de ese «empujón» inicial, muchas personas se guardan experiencias que, si las compartieran, resultarían beneficiosas tanto para ellas como para sus compañeros.

Es fundamental mantener una actitud abierta, no directiva y ecuánime con las intervenciones de todos, pero esta forma de proceder a veces lleva, precisamente, a la inhibición de ciertos participantes. Ahí es donde el estilo del terapeuta es fundamental. Es recomendable buscar el equilibrio dentro del grupo y de sus aportaciones, y promover que las personas compartan y sean capaces de buscar dentro de sí mismas las verdaderas experiencias que tienen en su día a día. Para favorecer la participación, se pueden lanzar preguntas del tipo: ¿qué experiencias han aparecido al poner en práctica la minimeditación?, ¿en qué ha sido diferente?, ¿cómo pueden ayudar estas experiencias a cambiar vuestras conductas al comer? Este programa trata de buscar nuevas relaciones con la comida utilizando componentes de psicoeducación y trabajo personal. En esta tercera sesión, trabajaremos de manera similar a como lo plantearemos en las siguientes sesiones, con elementos educativos y experienciales.

INTRODUCCIÓN AL HAMBRE CONSCIENTE

Uno de los objetivos de esta tercera sesión será hacer una buena revisión de lo que hemos denominado *hambre física*. Saber dis-

143

tinguir bien las señales de hambre en uno mismo de las sensaciones emocionales, sociales o del entorno desencadenantes del querer comer, es un núcleo clave del programa.

Tanto la sabiduría interna como la externa están relacionadas con las señales de hambre. La *sabiduría interna* nos ayuda a distinguir entre las sensaciones reales de hambre y a no confundirlas con señales de ansiedad o aburrimiento. Además, también interviene en el cultivo de los niveles de aceptación ante desencadenantes de tipo social, como celebraciones o festividades.

La *sabiduría externa* se relaciona con aprender a distinguir la fisiología básica del hambre y del apetito, y complementariamente la energía que aportan los alimentos. También a comprender cómo reacciona el cuerpo ante determinados alimentos que pueden ser tentadores, como postres o bombones, cuando las sensaciones de hambre física ni siquiera están presentes.

Conocer el hambre física es también saber reconocer que nuestro cuerpo necesita alimentos y un cuidado delicado. Ya vimos las diferencias en este sentido con el deseo mental. Son numerosas las señales que nos advierten de esa necesidad de alimentarnos. Cada uno, además, las notamos de una forma distinta y en función del momento. Se puede hacer una prueba en el grupo preguntando cómo sabe cada cual que tiene hambre. Pocas personas coincidirán. Generalmente, suele ser una sensación física de vacío en la zona del estómago. Pero también hay quien puede decir que se siente con menos fuerza o quien es incapaz de poner atención en una tarea determinada.

Nuestro cuerpo nos está hablando continuamente, nos dice cómo se encuentra o si necesita un tipo de atención determinado. Hay personas que expresan una desconexión de su cuerpo tan notable, que solo saben que tienen hambre por el oído. Su estómago «ruge», y ellos pueden darse cuenta de que llevan muchas horas sin comer nada.

Es lo que tratamos de trabajar. Aumentar el nivel de consciencia en cada momento. Volver a reconectar con el cuerpo y estar atentos a él, a lo que necesita. Esa es la verdadera guía de referencia para tomar decisiones más conscientes. Estar atentos a quien mejor nos las proporciona: nuestro cuerpo.

Para indagar sobre nuestra hambre física podemos preguntar sobre cómo sabemos que tenemos hambre y sobre cuánta hambre tenemos. ¿O acaso siempre tenemos la misma hambre? Es común que, al lanzar esa pregunta al grupo, mucha gente no suela tener en cuenta el hambre que tienen para decidir qué cantidad comer.

A menudo nos movemos en un segmento donde un extremo puede ser no tener nada de hambre y el otro, «tengo mucha hambre». No hay término medio. Comer con atención plena también consiste en saber cómo de hambriento estoy. Y eso puede incluir, quizá, un poco de hambre o un hambre moderada. La desconexión de nuestro cuerpo y sus necesidades a menudo nos impide percibir esa graduación del hambre. Sin embargo, darnos cuenta es fundamental. Por ejemplo, ser capaces de no llegar por la noche a casa con un nivel muy alto de hambre evita ingestas excesivas antes de irnos a dormir. Lo mismo se aplica a quienes llegan tarde a comer a casa al mediodía. Comer algo cuando sentimos un poco de hambre nos puede servir como una gran herramienta para prevenir el descontrol.

Para ello podemos dar una puntuación de 1 a 10 y ser conscientes del hambre que tenemos en todo momento. De esa manera, fomentaremos unas decisiones más conscientes si, por ejemplo, nos ponemos al inicio de las comidas la cantidad exacta que necesitamos para saciarnos. De la misma forma, nos podrá indicar en qué momento parar de comer. Para ello, en el programa se insiste con que cada persona debe buscar ese punto de equilibrio para sentirse ni muy lleno ni muy vacío. Trabajar ese punto es la clave: esa sensación de sentirnos agradablemente llenos; ni vacíos, ni muy llenos. Un equilibrio que conozcamos, que nos permita comer y disfrutar, y no sentirnos mal al habernos excedido. La única forma de darnos cuenta de dónde está ese punto es poner toda nuestra atención en el comer, en nuestras sensaciones, en nuestro cuerpo, en nuestras emociones y pensamientos. Solo de esa manera empezaremos a desarrollar esa nueva relación con la comida. Haciendo las paces con nuestro cuerpo y contando con él como un guía.

Poder discriminar bien el hambre consciente y lo que nuestro cuerpo necesita en ese momento supone un reto. Reconciliarse con el cuerpo conlleva exponernos a las sensaciones que en él se reflejan, como el hambre, y discriminarla, mediante la sabiduría interna, de las sensaciones de ansiedad, tristeza o aburrimiento.

La sabiduría externa complementariamente nos ayuda a conocer la fisiología básica del hambre y del apetito, así como la energía que nos aportan determinados alimentos. De esa manera distinguiremos las necesidades del cuerpo sabiendo qué nos está pidiendo a cada momento y también comprendiendo cómo responde el cuerpo ante determinados estímulos que nos rodean. Aunque no tengamos hambre, la visión de unos bombones o un postre apetitoso genera unas sensaciones físicas que no se corresponden con la realidad.

Nuestro cuerpo es pura biología: el hambre tiene un fin, el de asegurar la supervivencia, indicando mediante sus señales cuándo se debe comer y cuándo se debe parar.

Sin embargo no todas las épocas de la historia han sido iguales. Hace miles de años, cuando el ser humano vivía en una sociedad de cazadores y recolectores, no se comía todos los días como ahora. Se comía solo si se había conseguido algún alimento. Los días que eso ocurría, el cuerpo se preparaba para una sobreingesta, ya que no se sabía cuándo iba a ser la próxima vez que se iba a comer de nuevo. Era una manera de sobrevivir. Hoy en día, este deseo de seguir alimentándonos como nuestros antepasados permanece; sin embargo, el acceso a la comida en nuestro contexto es más sencillo. Tenemos mercados de todos los tipos y abiertos a todas horas, tenemos aparatos que mantiene los alimentos frescos sin que se echen a perder, y comemos entre tres y cinco veces al día, sin contar lo que se suele picar.

Hemos desarrollado un miedo inconsciente a tener hambre. Nuestra tolerancia a él es mucho menor que el de anteriores generaciones, las cuales, por mera privación, no tenían el acceso a la comida que tenemos nosotros. Esta baja consciencia y desconexión con respecto al cuerpo hace difícil para cierta gente discriminar gradualmente el hambre. Hay personas a las que les ayuda una pequeña y sencilla representación visual. Una escala analógica muy utilizada en distintos ámbitos de la salud.

En esta práctica en concreto se puede dar una puntuación respecto al hambre que se está experimentando. Más adelante se puede hacer mentalmente, pero lo que realmente importa es que hagamos el ejercicio de pararnos un segundo a sentir el cuerpo, preguntándonos cuánto hambre sentimos.

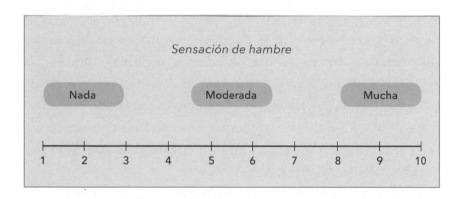

En las prácticas de estas sesiones vamos a trabajar el reconocimiento del grado de hambre para así tomar una decisión más consciente respecto a la cantidad de comida necesaria. Es recomendable promover una exploración de los valores que asignemos. Así pues, no solo podremos decidir sobre la cantidad, sino también sobre qué tipo de alimento debemos ingerir. Decidir comer un alimento con más alto contenido calórico cuando tengamos puntuaciones muy pequeñas nos puede hacer comer más de lo que necesitamos. Y, de la misma manera, con puntuaciones grandes podría haber alimentos que pudiesen no saciar ese hambre y, al poco tiempo, estaríamos sintiendo hambre otra vez. En sí, es buscar ese equilibrio perfecto. Para ello, ejercicios como la minimeditación sirven para promoverlo, sobre todo inicialmente, ante la duda sobre la toma de decisiones.

Como hemos visto previamente, discriminar entre hambre física y deseo mental constituye una parada clave en la senda de la alimentación consciente. Y el cómo nos tratamos constituye otro elemento fundamental.

En la sesión anterior hicimos una introducción a la compasión donde definíamos qué era. Aquí, podemos adentrarnos un poco más en su definición y en su práctica. Con respecto al concepto, es recomendable explicar qué no es la autocompasión. La autocompasión no es sentir pena, sino considerar que todos sufrimos y, por lo tanto, no se busca un trato especial por parte de otros. La compasión no es debilidad, es una forma de trabajar con nuestra mente para evitar emociones negativas como la culpa, la hostilidad o la vergüenza. Tampoco disminuye la motivación para el cambio: de hecho, el cambio es más fácil cuando se está psicológicamente bien. Tampoco es una forma de ser egoístas; cuidarse cuando se está mal es lo que haría cual ser vivo para facilitar su supervivencia.

En el campo de la alimentación, existen formas de relacionarnos con nosotros mismos que pueden volverse desequilibradas y dañinas. De esta manera, tras un episodio de comer poco consciente, puede haber deseo de castigo, conectado con la decepción y la culpa. Emociones como ira, frustración, ansiedad o desprecio son comunes en estas circunstancias, y son emociones a menudo poco constructivas. Cómo trabajamos estas emociones constituye un papel esencial en el cambio de hábitos y de relación con la comida. Sustituir esa voz crítica y poco constructiva por una más compasiva es lo que vamos a trabajar con estas prácticas, tratando de mirar hacia el momento presente y no tanto hacia atrás, conectando sobre lo positivo, sobre las habilidades y la superación de los obstáculos, y sobre el coraje necesario para cambiar nuestras conductas en una dirección equilibrada.

Existen programas estructurados para trabajar con el concepto de compasión. Uno de los más sencillos de practicar y entender es el de la profesora de la Universidad de Austin, Kristin Neff. Junto a Cris Germer estructuraron un programa de ocho sesiones que hoy en día se practica en todo el mundo. En el programa se trabajan tres componentes esenciales como *mindfulness*, *humanidad compartida* y *autocompasión*. En este contexto, mindfulness nos ayuda a hacernos conscientes del sufrimiento propio y del de los demás. No negamos el sufrimiento o huimos de él, ni nos quedamos atrapados por él. El concepto de *humanidad compartida* nos llevaría a reconocer que el sufrimiento y las dificultades que experimentamos nosotros, los están experimentando, los experimentarán o los experimentaron millones de personas. El sufrimiento es parte de una experiencia humana compartida. Y el tercer componente es el de *autocompasión*, que implica la calidez, el afecto y la comprensión hacia uno mismo cuando se siente sufrimiento, en lugar de ignorar el propio dolor.

Podemos añadir a este marco teórico una práctica que sea más experiencial para su integración en el grupo. La práctica de la aceptación hacia uno mismo puede ser una buena manera de hacerlo. Luego se comentarán las experiencias y las dificultades que hayan surgido al trabajar la compasión.

DESENCADENANTES EMOCIONALES

Las emociones que experimentamos a diario pueden ser desencadenantes de conductas de alimentación poco conscientes. Es complicado gestionar la emoción y nuestros recursos para estar mejor a veces nos llevan a este estilo de ingesta. Mediante el trabajo con compasión trataremos de sustituir esta voz crítica (y a menudo poco constructiva), por una más compasiva, que nos permita el reconocimiento del sufrimiento y el posterior cambio de la conducta.

En este sentido, podemos invitar a las personas a que traten de buscar el componente físico de la emoción, que traten de conectarse de nuevo con el cuerpo y, gracias a ello, llevar un manejo de estas emociones más saludable. Muchas personas experimentan, por ejemplo, la ansiedad como una tensión o presión en el estómago, y tienden a confundirlas con sensaciones de hambre, por lo que comen para así gestionar esas sensaciones desagradables.

Localizar las emociones y ser conscientes de ellas en el cuerpo nos puede ayudar a detectarlas más fácilmente en el momento presente. No es necesario que una emoción sea moderada o intensa para que desencadene la conducta de comer. Emociones con un nivel bajo de activación, como el aburrimiento, ya pueden desencadenar conductas de ingesta. Por ello es tan importante incrementar el nivel de consciencia diario y prestar una mayor atención a nuestro cuerpo. ¿Nos hemos preguntado alguna vez en qué parte del cuerpo sentimos la ansiedad, la alegría o el miedo? Es vital estar abierto a la experiencia de cada una de las emociones que experimentamos.

Reconociendo estas emociones y experimentándolas plenamente podremos tomar decisiones más conscientes y que nos prevengan de episodios de comer emocional. Si estamos aburridos o ansiosos por algo que nos preocupa, lo notaremos y, quizá, daremos otra solución a ese problema que no tenga que pasar obligatoriamente la comida.

¿Nos hemos preguntado alguna vez por qué tendemos a comer un determinado alimento durante estos episodios de comer emocional? ¿Por qué no comemos alimentos más sanos, sino que siempre recurrimos a este tipo de productos nocivos? Suelen ser siempre los mismos, aunque depende de la persona y de la época. Los más comunes son: chocolate, helados, postres, vino, cerveza, pan y pasta. No es casualidad: estos alimentos proporcionan, en pequeñas dosis, efectos en el sistema nervioso central que pueden producir cambios en el estado de ánimo.

El problema es que, casi siempre que comemos estos alimentos rara vez lo hacemos en dosis pequeñas. Por regla general, los consumimos en dosis moderadas o grandes, y es cuando pueden convertirse en sensaciones adictivas que incrementan el estrés. Los alimentos con alto contenido en azúcar serían un claro ejemplo. Su presencia en sangre es breve y, después, pueden producir cansancio, ansiedad, irritabilidad o cambios en el estado de ánimo. Los alimentos con alto contenido en grasa inducen, si se comen en exceso, sensaciones de cansancio, por lo que es más difícil motivar al cuerpo a hacer ejercicio. El alcohol es conocido por su gran efecto desinhibidor, gracias al cual dejamos de ser conscientes de las sensaciones físicas y nos dejamos llevar por las conductas impulsivas.

Estos episodios suelen ser más comunes de lo que pensamos. Invitamos a realizar un ejercicio: enumerar cinco situaciones que lleven a un comer menos consciente. Con este ejercicio se pretende traer al momento presente conductas que realizamos de una manera automática, favoreciendo que, en el futuro, cuando ocurran, sean más fáciles de reconocer y permitan generar otra alternativa de conducta a la habitual y automatizada.

El conocido programa de ME-Conscious Living, de la maestra Zen Jan Chozen, describe hasta nueve tipos de hambre distintos. Todos, menos uno de ellos, hacen referencia al comer emocional. Lo que denomina como hambre celular es el único que hace referencia al hambre física como tal. Otros programas, como el MB-EAT de la doctora Jean Kristeller, trabajan con la misma clasificación que el ME-Conscious Living y dividen el hambre física del deseo mental.

HAMBRE Y DESEO

A nivel de constructo podemos entender el hambre emocional como lo que, desde hace unas décadas, se conoce en psicología como deseo mental. Desde la perspectiva bibliográfica de la investigación en psicología de la alimentación, la división más común queda bien definida entre hambre y deseo mental. Sobre ese concepto se ha estudiado, aceptado e investigado más que con el deseo mental, así que podemos seguir trabajando con él.

Esto no quita mérito a todo el trabajo de operativización que han llevado a cabo los programas de mindful eating, que trabajan en profundidad este comer emocional y que ofrecen para las sesiones herramientas más educativas y experienciales.

Para leer más sobre estas «hambres» se puede recurrir al libro de *Comer atentos* de Jan Chozen, donde se profundiza sobre los aspectos más detenidamente, desde una perspectiva vivencial y cercana.

En esta tercera sesión es importante que se valoren aspectos como el cambio en la relación con uno mismo, que va ligado a cómo reaccionamos ante nosotros y nuestro cuerpo. Tratar de ser más compasivos con nosotros mismos constituye el inicio de todo gran cambio en la relación con la comida. Además, aprender a distinguir el hambre real del comer emocional es una buena guía para tomar decisiones conscientes que estén más en armonía con nuestras sensaciones reales.

La práctica formal nos irá iluminando y desautomatizando determinadas conductas, por ello es recomendable seguir favoreciendo las prácticas para casa. A partir de esta semana, se pueden realizar cinco días de meditaciones formales, que preferiblemente sean o tengan relación con las que se han practicado durante esta sesión.

Se puede también enumerar las situaciones desencadenantes del comer emocional y ver cómo actuar de otra manera. Este es un aspecto muy importante que cada uno debe investigar. A menudo, podemos identificar estas situaciones: aparecen y, gracias a que estamos más conscientes, podemos detenernos antes de realizar la conducta impulsiva. Pero el siguiente problema que podemos tener es: ¿y ahora qué hago?, ¿qué conducta desarrollo cuando me doy cuenta de que tengo una tensión, o una preocupación, y no la resuelvo como habitualmente lo hago con comida?, ¿qué hacer con ese vacío que ha quedado? Por suerte o por desgracia, no hay una respuesta, correcta o incorrecta, que sirva para todos. Hay personas que, al encontrarse en esas situaciones, inician una meditación para saber qué hay realmente en su mente. Otros practican costura, sacan a pasear a la mascota, escuchan música, bailan o leen un buen libro. Los que experimentan una sensación más intensa hacen ejercicio físico, salen al parque a pasear, correr o andar en bici. La variedad es tan grande como la imaginación nos permita. Cada uno deberá descubrir qué nueva conducta está más en relación con los valores y las sensaciones que tiene momento a momento.

Esta semana, además, se puede prestar una atención mayor a las sensaciones físicas que nos producen las distintas emociones, para ver si hay algunas que se confunden con hambre, y observar posibles diferencias entre ellas. ¿Siento lo mismo cuando tengo hambre que cuando tengo estrés o ansiedad? Hay matices y podemos distinguirlos.

Además, hay que seguir con al menos una de las comidas con atención plena. Puede ser el desayuno, pero siempre es preferible cualquier otra comida del día, donde se mezclen probablemente más emociones ligadas a lo que ha ocurrido durante la jornada. Respecto a estas comidas, puede ayudar que se hagan en completo silencio, ya que así se presta más atención a la comida y a lo que hay presente en ese momento.

A veces, en los grupos hay personas a quienes no les gusta comer solas o en silencio. Necesitan compañía o ruido, ya sea de una televisión o de una radio encendida. La mera exposición al silencio les resulta abrumadora. Este, de nuevo, es un buen objeto de indagación personal. Qué sentimos al comer solos, qué inconveniente hay para darnos un respiro en el día y detenernos a disfrutar de un alimento. Para ello cerraremos la sesión con la última práctica llamada práctica de la atención a uno mismo.

Para recorrer un camino con mayor atención plena se necesita voluntad y fuerza, así como coraje para ser consciente de todo cuanto acontece. Hay que saber que en ocasiones es difícil de asumir para la persona, por lo que deberá ajustarse a sus tiempos naturales y, poco a poco, ir venciendo miedos y situaciones complejas. Mindful eating no es un camino de rosas... es como la vida misma.

PRÁCTICA

EL AFRONTAMIENTO COMPASIVO

- Comenzamos adoptando la postura de meditación que solemos utilizar habitualmente.

- Realizamos varias respiraciones profundas, para poder dejar pasar emociones y pensamientos previos, y nos quedamos unos instantes reposando nuestra atención en el fluir natural de la respiración.

- Poco a poco, comenzamos a traer a nuestra mente una situación de los últimos 6-12 meses en la que hayamos tenido problemas y en la que las cosas nos hayan ido mal por la razón que sea. Reconstruimos la situación de la forma más completa posible: recordamos qué ocurrió, qué estimulo desencadenó dicha situación de malestar (pudo ser debida a algo que nos dijeron, una llamada que recibimos, una noticia que no esperábamos...).
Intentamos recordarlo de la manera más fidedigna posible, así como la forma en que reaccionamos, aquello que dijimos o hicimos (pudo ser que corriésemos a contarle lo sucedido a un familiar o a un amigo, o que, por el contrario, nos lo guardásemos para nosotros mismos). Lo recordamos.
Podemos evocar también la emoción que sentimos en aquel momento. Como solemos hacer en mindfulness y compasión, intentamos etiquetarla y definir qué emoción surgió (pueden ser varias que se retroalimenten: por ejemplo, la ira puede producir culpa, que a su vez puede generar tristeza). Tratamos de ponerles nombre.
Y recordamos qué nos dijimos a nosotros mismos entonces. Es probable que fuesen palabras críticas en un tono duro. Las traemos a nuestra mente. Vamos a sustituir esa voz autocrítica que surgió por otra más amorosa y, para ello, seguiremos un esquema en 4 fases:

– La primera es el reconocimiento de que **estamos sufriendo**, de que lo estamos pasando mal. No tiene sentido negar el dolor porque, de lo contrario, no podremos darnos afecto. Lo reconocemos mediante la frase «esto duele, lo estoy pasando mal» (u otra frase similar). De esta forma, tomamos consciencia del sufrimiento, de manera que no lo negamos, pero tampoco nos quedamos atrapados por él.

– La segunda parte es darnos cuenta de que la **experiencia del sufrimiento es común a todos los seres humanos** por el hecho de estar vivos. Sentimos que el sufrimiento que padecemos forma parte de lo que podemos esperar en la vida pero que, pese a ello, vale la pena seguir viviendo. Lo reconocemos con una frase del tipo: «Otras muchas personas han experimentado este sufrimiento anteriormente igual que yo, otras lo sufren ahora y muchas más lo experimentarán en el futuro».

– La tercera fase es tomar consciencia de que este sufrimiento, como todos los fenómenos mentales y como todo lo que ocurre en la vida, **es impermanente.** Tiene un principio, un desarrollo y un final. Esto pasará y, con el tiempo, cada vez estaremos mejor. Lo hacemos explícito con una frase del tipo de «esto pasará, como todas las cosas en la vida». Nos lo repetimos mentalmente.

– La cuarta y última fase consiste en no autocriticarnos ni autocastigarnos, como suele ser habitual en estas ocasiones. Dado que estamos sufriendo y pasándolo mal, no vamos a aumentar aún más nuestro sufrimiento, sino que adoptamos el **compromiso de cuidarnos y querernos** hasta que volvamos a estar bien. Si nuestro sufrimiento es porque hemos cometido errores, ya habrá tiempo de modificar lo que sea cuando estemos bien. Pero el autocriticarnos no está relacionado con el cambio, de hecho lo dificulta. Esta fase la resumimos con una frase del tipo:

«Como estamos pasándolo mal, vamos a cuidarnos y a darnos cariño a nosotros mismos mientras dure este sufrimiento. Ya cambiaremos lo que tengamos que cambiar cuando nos encontremos mejor». Mientras decimos esto, realizamos el gesto compasivo que más nos tranquilice y nos mantenemos el tiempo que deseemos en esta postura, respirando tranquilamente y dándonos afecto.

– Podemos acabar con alguna frase compasiva del tipo: «Ojalá pueda llegar a aceptarme como soy», «ojalá pueda aceptar que es humano cometer errores» o con cualquier otra con la que nos sintamos identificados y cómodos.

• Poco a poco, volvemos a dirigir nuestra atención a la respiración, para dejar pasar los pensamientos y emociones que hayan podido surgir durante la práctica. Cuando cada uno lo considere conveniente, comenzamos a mover el cuerpo y regresamos con atención plena a la habitación en la que nos encontramos.

PRÁCTICA

MINDFUL EATING LARGA

• Adoptamos una postura erguida y relajada en la silla. Dejamos que nuestro cuerpo esté tranquilo y calmado. Desplazamos el foco de nuestra atención hacia la respiración. Llevamos a cabo varias respiraciones profundas, a modo de limpieza. Soltamos la tensión que puede albergarse en nuestro diafragma inferior, sintiéndolo sin ningún tipo de tensión o estrés, dejamos que el aire fluya sin problema hacia fuera. Realizamos varias respiraciones completas y somos conscientes del aumento de nuestra sensación de relajación y calma al respirar aire limpio y fresco. Y aprovechamos las exhalaciones para eliminar los sentimientos de tensión o estrés.

- Ahora dejamos que nuestra respiración encuentre su propio ritmo natural y cómodo. Y enfocamos la atención en la sensación que la respiración deja en nuestra nariz, a través de la garganta y hasta los pulmones, y viceversa. Tomamos consciencia de todas las sensaciones que conlleva respirar.

- Ahora imaginamos que nos estamos preparando para una comida, de manera consciente. Mientras nos preparamos, somos cada vez más conscientes y tenemos una mente más clara. Hacemos varias respiraciones profundas de limpieza, y si sentimos algún tipo de tensión o de lucha en nuestro cuerpo, simplemente dejamos que salgan. Si queremos, podemos contar suave y silenciosamente para calmar la mente ¿Nos sentimos atentos y con control? ¿Estamos siendo conscientes de nuestras emociones? Permitimos ser conscientes de todo lo que está emergiendo... recordamos que cualquier cosa que surja, está bien. Somos conscientes de nuestro cuerpo, nos damos cuenta de que somos nosotros diciendo que tenemos hambre ahora. Elegimos respetarlo, para estar en equilibrio con nuestras necesidades. Observamos cómo los alimentos que están frente a nosotros nos están llamando, podemos sentir perfectamente los recuerdos de sabor especiales, somos capaces de reparar en las diferentes posibilidades acerca de las opciones de alimentos disponibles, tenemos el control sobre las cantidades de alimentos que necesitamos comer o poner en el plato.

- Todo es elección nuestra. Solo nosotros tenemos el control. Ahora consideramos qué comer primero. Comenzamos a comer conscientemente. Experimentamos con plenitud los sabores y texturas de lo que estamos comiendo. Observamos cómo nuestra boca reacciona a los alimentos. Observamos cómo el cuerpo reacciona a la comida. Observamos cómo estamos reaccionando emocionalmente, sentimos cómo emergen nuestras emociones. Nos permitimos disfrutar de cada bocado, de cada comida, sin culpa o autocrítica. Después de todo, estamos tratando al cuerpo con respeto, nutriéndolo, comiendo cuando tenemos hambre. Comemos a un ritmo que nos permite disfrutar de los olores, los sabores, las texturas de la comida. Adquirimos consciencia plena para comer de esta manera. Sentimos cómo podemos percibir la comida y los sabores en nuestra boca, nos permitimos disfrutar de cada bocado.

Según comemos, observamos las reacciones de nuestro cuerpo. Prestamos atención a cómo la boca responde a la cantidad de alimento que entra en ella, notamos cómo la comida comienza a cambiar su sabor y nos vamos sintiendo cada vez más llenos. Ahora prestamos especial atención a los diferentes niveles de plenitud que sentimos en el estómago. Notamos nuestra boca, nuestro cuerpo y nuestro estómago. Sentimos cómo empezamos a estar satisfechos. Somos conscientes de los distintos grados de satisfacción de los diferentes alimentos, y tenemos en cuenta los sentimientos de plenitud que, a través de la atención consciente, experimentamos a medida que seguimos comiendo. Tenemos en cuenta que, a través de la alimentación consciente, apreciamos y disfrutamos la comida.

- Poniendo toda nuestra atención en la alimentación, conseguimos darnos cuenta de cuándo nuestro cuerpo está quedando satisfecho; nos damos cuenta de cuándo nuestro paladar se siente satisfecho; notamos el momento exacto en el que hemos ingerido la cantidad suficiente de alimento, o de cuándo nuestro cuerpo dice que necesita un poco más de comida, ya que todavía tiene hambre. Disfrutamos de la experiencia de estar en sintonía con el cuerpo y con nuestras necesidades a través de la alimentación con atención plena. Ahora nuestro cuerpo nos dice que ha recibido suficiente alimento; es ahora cuando podemos dejar de comer.

- Enfocamos nuestra atención hacia nuestra respiración, inspiramos, sentimos una sensación de consciencia, expiramos, sentimos una sensación de consciencia, inspiramos, sentimos una sensación de consciencia, expiramos, sentimos una sensación de consciencia... Cualquiera que sea el pensamiento o emoción que estemos experimentando, está bien, simplemente lo observamos, y devolvemos amablemente nuestra atención hacia la respiración. Observamos cómo sentimos nuestro cuerpo. A medida que continúa la práctica de mindfulness, podemos hacernos cada vez más conscientes de nuestro cuerpo y nuestras necesidades al inspirar, nos sonreímos a nosotros mismos. Al exhalar, nos sonreímos a nosotros mismos, al inspirar, nos sonreímos a nosotros mismos; al exhalar, nos sonreímos a nosotros mismos. Ahora, dirigimos cariñosamente nuestra atención hacia nuestra respiración, notamos el aire frío en la punta de la nariz al inhalar, sentimos el aire caliente al exhalar. Somos conscientes de nuestro cuerpo en este lugar, dándonos cuenta del entorno que nos rodea, mientras seguimos siendo plenamente conscientes. Podemos abrir los ojos cuando estemos listos.

PRÁCTICA

LA ACEPTACIÓN A UNO MISMO

- Adquiere una postura confortable. Siente tu respiración. Siente gradualmente tu intención de estar aquí y la sensación del respeto y cuidado hacia ti mismo.

- Ahora, según inspiras, dite a ti mismo: «Según trabajo con mis retos». Mientras espiras: «ojalá deje ir las expectativas». Toma consciencia de tus expectativas. Por ejemplo, «debería haber perdido más peso ya», «no debería comer siempre fuera de control». Utiliza la sensación de la espiración para soltar la expectativa crítica. Las expectativas pueden ser una simple meta, o podemos utilizar expectativas no realistas como munición contra nosotros mismos. Has de dejar de usar tus expectativas como munición o una manera de hacerte daño.

- Ahora trae tu atención de nuevo a tu respiración. Permítete estar presente en tu respiración durante unos pocos minutos.

- Ahora, mientras inspiras di: «Mientras detecto mi intención de cuidarme». Mientras expiras: «ojalá pueda soltar mi culpa». Entonces nota tu sentimiento de culpa o tu crítica. Siente cualquier resistencia al deseo de soltarla, y observa si podrías detectar cómo la sueltas aunque sea solo un instante. Si la resistencia es fuerte, simplemente siéntela con atención y amabilidad, sin intentar sentir lo que no hay, observa cómo es la presión que sientes.

- Ahora trae tu atención de nuevo a la respiración.

- Ahora, mientras inspiras, di: «Mientras siento mis límites y mis capacidades con amabilidad». Mientras expiras: «ojalá suelte mi impaciencia». Observa cómo, cuando intentas ir demasiado rápido, el esfuerzo puede no durar. Cómo te sientes respetando tu propio ritmo. Soltando la presión adicional, la que sea factible en este momento, soltando la dureza y la impaciencia.

- Ahora trae tu atención de nuevo a tu respiración. Observa qué pensamientos estás teniendo mientras permaneces en silencio. Finalmente, abre los ojos cuando te sientas preparado.

DESENCADENANTES EMOCIONALES Y AUTOCOMPASIÓN

- Introducción
- Actividad física
- Saciedad
- Cantidad *vs* calidad
- Valores

INTRODUCCIÓN

La relación con la comida, como todas las relaciones humanas, es un proceso en continuo cambio. Es algo vivo que depende del individuo, de la circunstancia que atraviesa y del contexto en el que se desenvuelve. Depende de la cultura, del clima y de multitud de factores que hacen que alimentarse sea una conducta tan antigua como el hombre, pero sumamente compleja. Los seres humanos somos un organismo en continuo cambio y eso también se refleja en nuestra forma de alimentarnos. Podemos tener una relación saludable con la comida, pero eso no impide que, si atravesamos una mala temporada a nivel emocional, esta relación pueda cambiar.

Con este programa no se pretende alcanzar un objetivo concreto donde podamos decir que ya comemos más conscientemente. Es un camino que iniciamos y donde cada momento presente es una nueva oportunidad de dar distintas respuestas. Cuanto más descubramos y aprendamos, mayor variabilidad de conductas podremos presentar en cada momento. Cuanto más conscientes seamos, más equilibradas serán estas respuestas en conexión con lo que realmente necesitamos.

En esta cuarta sesión vamos a tener un espacio para trabajar la importancia del cuerpo en nuestra alimentación. Por eso empezamos con una práctica de escáner corporal, muy recomendable para reencontrar las sensaciones corporales y la compasión. En el inicio de la práctica en mindfulness se tiende a visualizar las partes corporales donde situamos nuestra atención. En esta práctica intentamos que sean nuestras sensaciones físicas el objeto de nuestra atención, sin necesidad de imaginar o visualizar.

Esta práctica puede remover emociones, así que es bueno dejar un espacio antes de compartir las experiencias, las dificultades o los descubrimientos producidos. Se puede preguntar al grupo si es fácil encontrar motivos para dar las gracias a nuestro cuerpo. ¿Podemos sentir gratitud por igual a todas las partes de nuestro cuerpo? Es frecuente sentir rechazo hacia algunas partes. Muchas veces es por motivos estéticos: porque esa parte del cuerpo no nos gusta.

La mayoría de las personas sufren una gran desconexión respecto a su cuerpo debido al rechazo que sienten hacia el mismo. Es difícil, por tanto, tener sentimientos de agradecimiento o afecto hacia determinadas zonas con las que no nos sentimos bien. En esa situación, se puede informar a la persona que si no experimenta emociones positivas hacia algunas partes de su cuerpo está bien, pero que trabaje con la aceptación respecto a esa zona corporal y hacia las emociones que se tienen. Es frecuente ser incapaz de sentir agradecimiento a la grasa de nuestro cuerpo. Pero por lo menos podemos aceptar su existencia y tratar de suavizar las emociones negativas con las que nos castigamos y que no nos permiten crecer emocionalmente.

El *body scan* es siempre una práctica agradable pero que, sobre todo, nos permite escuchar y observar nuestro cuerpo. El proceso de cambio en las personas va a venir en gran parte determinado por el grado de atención y escucha que prestamos a emociones y sensaciones en nuestro cuerpo. Por ello, a él nos dirigiremos en el proceso de indagación y búsqueda de respuestas.

La cuarta sesión supone entrar en el ecuador del programa, lo que produce sensaciones contradictorias. Hay personas que se culpen a sí mismas por no ver cambios importantes en su relación con la comida, sus pensamientos o sus conductas. Este programa no pretende ser el final de algo, si no el principio de un cambio en el interior de una persona para que sea más capaz de vivir el día a día con las nuevas herramientas que incorpora. En este sentido, y desde los estudios de investigación, se ha evidenciado que las mejoras de las variables relacionadas con la consciencia hacia la alimentación y hacia el control sobre las conductas son más evidentes en los seguimientos a largo plazo. Se fomenta que la persona sea capaz de afrontar y crear una nueva relación con la comida. Se trabajan herramientas y habilidades durante el programa. El tiempo y la práctica se traduce en conductas que tienen sus recompensas a medio y largo plazo. Por lo tanto no es el fin sino el principio de una nueva forma de funcionar.

Como mencionábamos, es importante el espacio inicial de la sesión para poner en común experiencias que hayamos tenido durante la semana y fortalecer el sentido de grupo y apoyo mutuo. Estas aportaciones de compañeros del grupo tienen un sentido terapéutico y constituyen parte de la sabiduría externa que buscamos desarrollar.

ACTIVIDAD FÍSICA

Como componente de sabiduría externa, el ejercicio físico constituye uno de los elementos más importantes. Sabemos que el ejercicio físico contribuye a una mejor regulación emocional y nos puede ayudar a evitar episodios de comer emocional. Merece la pena dedicar unos minutos en esta sesión para nombrar algunos de los beneficios por todos conocidos, además de motivar a aquellas personas que sientan la necesidad de aumentar su actividad física diaria. Un mayor ejercicio físico conlleva la oportunidad de una mayor escucha del cuerpo. Es una manera de atender lo que necesita, sus capacidades y sus limitaciones. Ese es el ejercicio que se busca fomentar, el de conocernos a nosotros mismos, el de conocer nuestro cuerpo. Al igual que notamos una molestia tras pasar horas en una misma posición y dedicamos unos momentos a estirar y masajear esa zona, podemos empezar a estar abiertos a notar otra serie de sensaciones físicas más relacionadas con la alimentación.

Cuando sentimos una molestia física tratamos, con afecto y cuidado, de mitigar ese dolor o esa tensión. Es la manera que tenemos de cuidarnos, de querernos y de estar en armonía con el cuerpo. Cuando el cuerpo nos muestra en su lenguaje que necesitamos comer, la respuesta natural, innata y equilibrada es responder a esa necesidad. De igual manera, cuando nuestro cuerpo nos dice que hemos comido suficiente, nuestra respuesta deber ser coherente. Día a día, múltiples actividades como el ejercicio físico nos brindan oportunidades para prestar las necesidades que merece a nuestro cuerpo. Él nos habla continuamente, por ello es bueno dedicarle lo más valioso que tenemos, nuestra atención.

SACIEDAD

Durante este programa tratamos de trabajar los aspectos psicoeducativos que responden a las sensaciones de las que estamos hablando continuamente. Por que una cosa es querer escuchar al cuerpo y sus sensaciones, y otra distinta, discriminar qué sensaciones nos pueden llevar a una buena alimentación. A menudo se le ha dado más importancia a la decisión de comer un alimento o no, y sin duda la tiene. Pero ¿no es acaso igual de importante saber cuándo parar de comer? ¿Cómo sabemos que hemos comido suficiente? En estas semanas trabajaremos tres tipos de sensaciones físicas que nos indican que hemos comido suficiente.

Es frecuente tomar consciencia de que hemos comido bastante o más de lo que necesitamos cuando el estómago está muy lleno y las sensaciones físicas son molestas, como de hinchazón o pesadez. Esta es la señal para muchos de dejar de comer: comer hasta que nos duele o nos molesta el estómago. Sin embargo, es bueno parar y sentir esta sensación incluso cuando es molesta. El estómago es un órgano que recibe toda la cantidad de comida que ingerimos y la almacena para su digestión, y, como todo almacén, tiene una capacidad limitada.

Cuando comemos en exceso el cuerpo lo nota, se hace más pesado, lento e incluso sentimos una sensación de hinchazón o dolor en el estómago. Esa debería ser una señal que nos indica que la cantidad de comida que hemos ingerido ha sido excesiva y, en el futuro, trataremos de buscar las sensaciones previas a ese momento. Antes de llegar al límite de sentirnos muy llenos, el cuerpo experimenta una serie de cambios que nos indican hasta cuándo comer. Mientras comemos, el hambre se va reduciendo poco a poco hasta que desaparece. A medida que comemos, el estómago envía señales al cerebro de qué cantidad de alimento deberemos comer y cómo de lleno se encuentra a cada instante. Estas señales son las más fáciles de sentir y, sin duda, las más fiables. Sentirse lleno es un aspecto que trabajaremos más adelante, en la quinta sesión.

Una segunda sensación física relacionada con la saciedad que nos puede ayudar es el cómo percibimos el cuerpo en su totalidad. Puede ser que, al tener hambre, físicamente nos sintamos débiles, cansados, tengamos dolor de cabeza; que a nivel cognitivo nos cueste concentrarnos, mantener nuestra atención en el trabajo o en una actividad. Esta es también una señal que va desapareciendo a medida que comemos. El nivel de glucosa en sangre se incrementa y permite al cuerpo y a la mente funcionar de nuevo con normalidad.

Podemos ver este fenómeno cuando nos hallemos en una situación como la anteriormente descrita; experimentaremos esos pequeños cambios en nuestra energía, el cese del dolor de cabeza o de alguna parte del cuerpo, sintiendo de nuevo en equilibrio el cuerpo porque lo hemos escuchado y le hemos dado lo que necesitaba, en su justa medida. Puede resultar complicado inicialmente buscar ese punto donde sintamos que no estamos muy llenos pero que, sin embargo, nuestra hambre y nuestra necesidad biológica de comer haya desaparecido. Se trata de la sensación de estar agradablemente lleno. Ese es el momento clave en el que hay que parar de comer y prestar atención a que la sensación de saciedad nos lleva a respetar nuestro cuerpo y sus necesidades.

Además de las dos señales anteriormente mencionadas, existe otra, quizá más sutil, pero que igualmente nos ayuda si prestamos la atención necesaria. Como ya sabemos, mindfulness no es conceptual, si no que es experiencial. Así que para identificar esta tercera señal vamos a realizar la práctica más dulce del programa, «la práctica del chocolate».

Práctica del chocolate

La práctica del chocolate suele ser una práctica agradable, curiosa y que ofrece mucho material para trabajar en la sesión. Cada experiencia debe respetarse siempre tal y como es: habrá personas que hayan experimentado que el grado de saciedad ha ido incrementando, mientras que en otras ha ido decreciendo. Ambas están bien. Algunas es posible que hayan comido el cuarto trozo de chocolate y otras que hayan decidido dejarlo. Es perfecto tal y como es. Lo más interesante de esta práctica es darse cuenta de que cada alimento, en cada momento único del presente, nos produce experiencias diferentes.

Inicialmente hemos analizado algo tan importante como son los distintos niveles de hambre, y más tarde nos preguntamos sobre el nivel de satisfacción en relación al sabor de cada alimento.

Pues bien, la tercera señal que nos puede indicar cuándo debemos dejar de comer es la desaparición de la satisfacción por el sabor. Las papilas gustativas también nos dan señales de saciedad. Es posible que lo notemos a lo largo de una comida única, donde la intensidad de los sabores puede, poco a poco, ir desapareciendo. La práctica permite observar la experiencia de cómo cambian las sensaciones de un trozo de chocolate a otro.

Se puede observar quizá cómo nuestro cuerpo reacciona, tanto emocional como físicamente, a este alimento. Cómo cambia la experiencia tras haber ingerido tres trozos de chocolate. Con sabores fuertes es más fácil discriminar el fenómeno. Es algo que los bufés libres conocen bien. Cómo se puede satisfacer al máximo con la menor cantidad de comida. Para empezar, comidas que sean altamente calóricas, en pequeñas cantidades y que sean lo más variadas posible para, de esta manera, saciar cuanto antes a la persona.

Es recomendable entonces que, si queremos aplicar esta estrategia, cocinemos platos más variados y en menor cantidad de lo acostumbrado. Además, la variedad en los platos también es visualmente más atractiva que, quizá, un plato único lleno. Ese simple gesto ya puede modificar parte de la experiencia que tenemos en nuestro día a día.

Resulta interesante también observar si va cambiando el nivel de hambre en nuestro interior. Si es posible que incremente o descienda con solo tres porciones de chocolate. De nuevo trabajamos con la decisión consciente y con darnos cuenta desde dónde tomamos esa decisión. Muchas veces las conductas se encuentran tan asociadas a pensamientos y emociones que no podemos ni darnos cuenta de que existe un espacio, que debemos crear, de reflexión y de toma de decisiones conscientes entre pensamiento-emoción y conducta. De nuevo, también sabemos que no hay respuestas ni buenas ni malas al comer un cuarto trozo de chocolate, lo que hay son decisiones más o menos conscientes.

En esta ocasión contamos con una variable más a tener en cuenta que es la satisfacción con el sabor y cómo nos puede ayudar a la hora de tomar decisiones. A lo largo de esta semana vamos a pedir que se observe cómo van variando las sensaciones respecto al sabor y la satisfacción con la comida conforme vamos ingiriendo los platos principales. Observar el cambio de la textura o el sabor de los alimentos a lo largo de una comida es una manera diferente de atender las señales y sensaciones de la alimentación, otra nueva forma de comer con atención plena.

Es posible también que algunas veces tengamos que superar nuestra «saciedad al sabor», ya que no se ha satisfecho el hambre. En este caso no hay problema, esta es sobre todo una herramienta para comer cuando nos hayamos ante una gran variedad de alimentos. En este sentido, se trabaja para convertirnos en verdaderos *gourmets*, para ir educando y ser conscientes de los distintos sabores que nos ofrecen los alimentos. Cuando educamos el paladar, somos más conscientes y también podemos discriminar los alimentos con mayor calidad, regulando mejor su cantidad.

Es una habilidad que podemos observar a lo largo de las semanas y de los *insight* que vamos generando. Cuando comemos con atención plena, los alimentos, su sabor, su aroma, su textura son más profundos, más delicados. Con el tiempo, al comer de una manera más consciente, podemos descubrir nuevas propiedades que no nos resulten agradables en alimentos que consumimos habitualmente y que considerábamos que nos gustaban. Así pues, consumir bebidas altamente azucaradas o comidas con mucha grasa con atención plena pueden revelarnos nuevas experiencias que no solemos percibir cuando tomamos estos alimentos de la forma habitual, en piloto automático.

CANTIDAD *VS* CALIDAD

Y de eso se trata, de investigar, de observar cómo es la comida que tengo delante y mi relación con ella. Analizar qué despierta en mi interior. Observar si hay determinadas emociones ligadas a los alimentos que habitualmente consumimos, si lo hacemos siempre que pasa algo concreto, o siempre que hay una emoción determinada. Y sobre todo, si nos paramos a degustarlos como si fuéramos *gourmets*, permitiéndonos disfrutar de esa comida que nos va a nutrir, que va a ser parte de nosotros. Toda experiencia cambia cuando ponemos un mayor foco de atención en algo. La comida no es una excepción.

Hay una percepción de que los alimentos de mayor calidad son más caros, pero no es cierto. Siguen existiendo lugares donde las frutas y las verduras mantienen sus características a precios razonables. De igual manera, tendemos a percibir que si los alimentos son sanos se pueden comer en cualquier cantidad, algo que tampoco es real. Desarrollar ese *gourmet* interno nos lleva a darnos cuenta y a priorizar siempre la calidad sobre la cantidad.

VALORES

Detrás de la alimentación, también a menudo se esconde mucho sufrimiento y dolor. Hay personas a quienes la relación con la comida y sus patrones de ingesta les generan fuertes emociones negativas de difícil manejo. Mucho de ese sufrimiento se produce por la disonancia entre lo que hacemos y lo que sentimos. Para trabajar esa coherencia interna en la persona, utilizamos una práctica proveniente, no de mindfulness, si no de la Terapia de Aceptación y Compromiso (ACT, por sus siglas en inglés). La práctica de los valores.

Los valores son los objetivos vitales que tiene una persona en la vida, lo que es importante para ella, aquello por lo que le gustaría ser recordado tras su muerte. Los valores nunca nos sacian, dando calidad y sentido a nuestros actos. Nos interesa que los cambios en los patrones de conducta relacionados con la alimentación sean perdurables a largo plazo. Y desde este momento podemos empezar a ser conscientes de que estas conductas se mantendrán únicamente cuando encajen dentro de nuestros valores vitales, de manera que tengan la fuerza necesaria.

Tabla 1. Valores personales			
ÁREA	IMPORTANCIA (1-10)	TIEMPO DEDICADO (1-10)	¿CONGRUENCIA?
RELACIONES FAMILIARES			
MATRIMONIO Y RELACIONES ÍNTIMAS			
AMISTADES Y RELACIONES SOCIALES			
TRABAJO Y CARRERA PROFESIONAL			
EDUCACIÓN Y DESARROLLO PERSONAL			
TIEMPO LIBRE Y DESCANSO			
ESPIRITUALIDAD			
CIUDADANÍA, POLÍTICA E INQUIETUDES SOCIALES			
ENTORNO Y NATURALEZA			
SALUD, PESO, COMIDA			

Podemos dedicar unos minutos a que las personas reflexionen sobre cuáles son sus principales valores personales, aquellos que más importancia tienen en su vida. Para ello se puede facilitar una tabla como la presentada aquí. En la primera columna vacía deberán valorar, con puntuaciones del 1 al 10, cuánta importancia le dan a estos valores que se proponen. En la segunda, se apunta el tiempo que habitualmente dedicamos a estos mismos valores. Y, por último, en la última realizaremos una sencilla resta de las dos primeras columnas para hallar la congruencia entre lo que pensamos que es importante y lo que realmente hacemos de manera cotidiana. Muchas personas, al realizar el ejercicio, se dan cuenta de lo que difieren sus valores de las conductas que siguen y cómo eso le ocasiona con posterioridad un mayor sufrimiento.

Aquí nos ceñiremos sobre todo a la fila que hace referencia a la salud, el peso y la comida. Cuando preguntemos nos daremos cuenta de que hay personas que dedican más tiempo del que les gustaría a todo lo relacionado con la comida, y otras que no tanto como el que querrían. Como en casi todo, lo ideal es un equilibrio. Hay personas que viven obsesionadas por la comida, lo que comen y la cantidad en la que lo hacen. Continuamente están pensando en qué es lo siguiente que van a comer, soñando con platos o alimentos concretos, haciendo que la comida sea el centro de su mundo.

Otras personas, por el contrario, prestan una atención menor de la que les gustaría a la salud, el peso y la comida. Personas que viven arrastradas por la actividad diaria y donde el tiempo de comer es meramente un trámite por el que hay que pasar y que interrumpe las actividades a realizar. A veces no dedican tiempo suficiente para cuidarse y controlar que tengan una alimentación sana y equilibrada, por escaso interés o porque lo consideran un gran esfuerzo. Con este ejercicio también pueden observar en qué medida no se adecuan sus conductas a lo que ellos desearían.

Hay un momento del día que tenemos que dedicar a nosotros mismos, a la comida que compramos, a cómo la cocinamos o a qué cantidad ingerimos. Es necesario que el cuidado de nuestra salud sea uno de nuestros valores. Se requiere de cierto esfuerzo pero sin llegar a convertirse en una obsesión.

La finalidad de este ejercicio no solo consiste en aclarar que existen estas incongruencias en nuestro día a día. Después de realizarlo, se puede añadir otra columna a la tabla presentada, donde se describa lo que se conoce como dirección valiosa. En esta columna narraremos qué conductas podemos llevar a cabo desde esta misma semana para cambiar, de forma progresiva y factible, las incongruencias existentes. Tras la práctica, adoptamos el compromiso con nosotros mismos de ser congruente con nuestros valores el resto del día. Con esta reflexión trataremos de buscar estrategias que nos permitan adecuar valores personales y conductas, y crear un punto de inflexión en nuestra vida.

EJERCICIO

BODY SCAN COMPASIVO BASADO EN ME-CL

En este ejercicio exploramos las diferentes partes del cuerpo, pero con una diferencia: después de enfocar la atención en una parte del cuerpo, y justo antes de pasar a la siguiente, te dirás internamente: «Gracias, (parte del cuerpo) por _____» (deja un espacio en blanco). Deja que lo que aflore en tu mente llene este espacio. Si no surge nada, está bien.

A menudo ayuda cerrar los ojos, pues facilita el centrar la atención en una parte del cuerpo en cada momento. Si te sientes incómodo cerrando los ojos, déjalos entreabiertos.

• Comenzamos llevando nuestra atención a la planta de los pies. Si tenemos los ojos cerrados, ¿cómo sabemos que tenemos plantas de los pies en los extremos de las piernas? ¿Cuáles son las sensaciones que surgen? Quizá seamos conscientes de una presión, un hormigueo o de sensaciones de calor o de frío. Mantenemos nuestra atención en estas sensaciones durante un tiempo, mientras surgen, permanecen y luego se desvanecen.

Y podemos decirnos en a nosotros mismos: «Gracias plantas de los pies, por _____». Y observamos si surge algo en ese espacio en blanco. Si no surge nada en ese espacio, también está bien.

- Movemos la atención a nuestro estómago, donde quiera que sintamos que está. ¿Cómo sabemos que tenemos un estómago? ¿Cuáles son las sensaciones físicas que surgen de nuestro estómago? Tal vez haya sensaciones de presión o plenitud, de calor o frío, o incluso podemos oír sonidos. Tomamos consciencia de estas sensaciones a medida que van surgiendo, crecen y luego se desvanecen. Descansamos nuestra consciencia en el estómago durante unos segundos. Y, antes de pasar a otra parte del cuerpo, nos decimos en silencio: «Gracias, estómago, por _____», y observamos si surge algo. Si no es así, está bien.

- Ahora movemos nuestra consciencia a la boca. ¿Cómo sabemos que tenemos una boca? ¿Cuáles son las sensaciones físicas que surgen de nuestra boca? Tal vez se sienta el movimiento, la humedad o sequedad, la dureza o suavidad, o incluso los sabores. Somos conscientes de estas sensaciones a medida que surgen, crecen y luego se desvanecen. Descansamos nuestra consciencia en la boca durante un rato.
Y, antes de pasar a otra parte del cuerpo, nos repetimos en silencio: «Gracias, boca, por _____», y observamos si surge algo. Si no es así, está bien.

- Ahora movemos nuestra consciencia a nuestros ojos. Si los ojos están cerrados, ¿cómo sabemos que tenemos ojos? ¿Cuáles son las sensaciones físicas que surgen de los ojos? Tal vez sintamos el movimiento, o toques de luz ligeros o fuertes, o humedad, o sequedad. Quizá percibamos luz u oscuridad o incluso color. Tomamos consciencia de estas sensaciones a medida que surgen, persisten y luego se desvanecen. Descansamos nuestra consciencia en los ojos durante un momento.

Y, antes de pasar a otra parte del cuerpo, repetimos en silencio: «Gracias, ojos, por _____», y observamos si surge algo. Si no es así, está bien.

- Ahora movemos nuestra consciencia a nuestro cerebro. Si no podemos verlo, ¿cómo sabemos que tenemos un cerebro? ¿Hay alguna sensación que surja del cerebro? Tal vez haya una sensación de calor o de frío, de hormigueo, presión o incluso movimiento. Tomamos consciencia de estas sensaciones a medida que nacen, crecen y luego se desvanecen. Descansamos nuestra consciencia en el cerebro durante un momento.

  Y, antes de pasar a otra parte del cuerpo, repetimos en silencio: «Gracias, cerebro, por _____», y observamos si surge algo. Si no es así, está bien.

- Movemos nuestra consciencia a la grasa corporal, donde quiera que seamos consciente de su existencia. Si tenemos los ojos cerrados, ¿cómo sabemos que tenemos grasa corporal? ¿Cuáles son las sensaciones físicas derivadas de la grasa corporal? Tal vez sintamos movimiento, hormigueo, calor o frío. Tomamos consciencia de estas sensaciones a medida que nacen, crecen y luego se desvanecen. Descansamos nuestra consciencia en nuestra grasa corporal unos minutos.

  Y repetimos en silencio: «Gracias, grasa corporal, por _____», y observamos si surge algo. Si no es así, está bien.

- Ahora movemos nuestra consciencia a nuestro corazón, nuestro corazón físico. ¿Cómo sabemos que tenemos un corazón? ¿Cuáles son las sensaciones físicas que surgen de nuestro corazón? Tal vez sintamos movimiento, o presión, o escuchemos los latidos. Tomamos consciencia de estas sensaciones a medida que nacen, crecen y luego se desvanecen. Descansamos nuestra consciencia en nuestro corazón unos segundos. Y, antes de pasar a otra parte del cuerpo, repetimos en silencio, «Gracias, corazón, por _____», y observamos si surge algo. Si no es así, está bien.

- Por último, nos quedamos con las últimas sensaciones que permanecen de la práctica. Lo que haya surgido, lo vamos dejando pasar y volvemos poco a poco al cuerpo, al espacio que ocupa en la habitación y podemos abrir los ojos cuando queramos.

PRÁCTICA

EL CHOCOLATE

- Cierra los ojos y respira profunda y relajadamente varias veces, concentrado y relajado. Sé consciente de tu nivel de hambre... En una escala del 1 al 10, ¿cuánta hambre tienes? ¿Cómo sabes que es ese número?, es decir, ¿cómo puedes saber el hambre que realmente tienes? Ahora abre los ojos y mira el plato que está frente a ti. Y cuando pasemos el plato por delante de ti, coge cuatro trozos.

- Ahora levanta un trozo. Primero míralo cuidadosamente. Examínalo como si lo estuvieras viendo por primera vez. Ahora cierra los ojos otra vez. Levanta el trozo de chocolate y huélelo delicadamente. Ponlo en tu boca, sin morderlo. Solamente date cuenta de lo que sientes en tu boca. Y cuando lo muerdas, date cuenta de cómo cambia el sabor.
Continúa masticando conscientemente. Dándote cuenta de dónde está tu grado de «sabor satisfactorio», siendo 10 lo

más satisfactorio posible y 1 nada satisfactorio. Permítete a ti mismo disfrutar de esta pequeña cantidad de comida tan plenamente como sea posible. Date cuenta de cómo tu cuerpo reacciona a la comida. ¿Cómo se siente tu cuerpo? Fíjate en cualquier cambio en tu grado de satisfacción con el sabor. Quizás haya bajado o subido, o se mantenga igual. Decide tragar, prestando atención a la experiencia. Sé consciente de tu cuerpo, de los sabores que todavía están en tu boca, y los pensamientos y emociones que estás teniendo. Mantén tus ojos cerrados, realiza varias respiraciones profundas y relajadas, mantente centrado y relajado. De nuevo, fíjate en tu nivel de hambre... ¿Es el mismo? ¿Ha cambiado? ¿Cómo sabes el hambre que tienes realmente?

- Ahora, muy despacio, abre tus ojos lo suficiente para coger un segundo trozo de chocolate. Primero míralo cuidadosamente. Examínalo. Se consciente de tus pensamientos y sentimientos. Ahora cierra los ojos otra vez. Huele el chocolate. Ponlo en tu boca, sin morderlo. Date cuenta de cómo lo sientes en tu boca y si hay alguna diferencia con el primer trozo. Cuando lo muerdas, fíjate en cualquier cambio en el sabor u otras sensaciones diferentes a las que tuviste con el primer trozo y saboréalo muy despacio. Fíjate otra vez dónde se encuentra tu grado de «satisfacción del sabor». Continúa comiendo conscientemente. Date cuenta de cómo tu cuerpo reacciona a la comida, cómo se siente. Conscientemente, decide tragar, poniendo atención a la experiencia. Sé consciente del punto en el que sientes cómo la comida baja por tu garganta. Sé consciente de tu cuerpo, tus pensamientos y emociones. Sé consciente de cualquier sabor que perdure en tu boca.... Sé consciente de cualquier experiencia de hambre.

- Ahora que has practicado comiendo dos porciones conscientemente, toma un tercer trozo. Lentamente guíate a ti mismo a través de la experiencia, fíjate si sube el grado de «satisfacción con el sabor» y si cambia cuando comes.

- Y ahora, puedes servirte el cuarto trozo o podrías decidir parar de comer. Cualquier opción está bien. Solamente date cuenta de cómo tú decides comer más o parar, sé consciente de la razón de la elección que has tomado. Sea cual sea. Fíjate cómo te sientes al comer este tipo de comida. Y ahora, vuelve a fijar tu atención hacia la respiración. Lentamente, trae tu atención a la sala y, cuando estés preparado, abre los ojos suavemente.

SABIDURÍA INTERNA, EXTERNA Y EQUILIBRIO NUTRICIONAL

- Movimientos conscientes y revisión semanal
- Saciedad II y valores
- Introducción al banquete
- Comer emocional II
- Afrontamiento compasivo

MOVIMIENTOS CONSCIENTES Y REVISIÓN SEMANAL

Ralentizar, bajar la velocidad es clave

Vivimos en un mundo desbocado, donde la urgencia impera sobre la vivencia del momento. Corremos para ir a trabajar o estudiar, trabajamos rápido, a menudo guiándonos por el reloj que marca el siguiente descanso o la hora de volver a casa. Y una vez en casa, nos sentamos en la mesa a comer con una extraña sensación de angustia o ansiedad por terminar ese trance diario.

A menudo, cuando pasamos por ese «trance» lo hacemos con distracciones continuas, que nos alejan del momento transcendental de alimentarnos. Encendemos el televisor, continuamente revisamos el móvil, leemos el periódico o, simplemente, nos quedamos atrapados por emociones o pensamientos de nuestro día a día: recuerdos de sucesos de la jornada o la semana, conflictos, o preocupaciones por actividades pendientes.

Ralentizar nos permite ser conscientes de que ese proceso automatizado surge rápido y está apegado a determinados pensamientos y emociones. Realizar esas pequeñas meditaciones breves antes de empezar a comer nos ayuda a parar momentáneamente.

Podemos ralentizar y observar con variedad de prácticas. En esta quinta sesión empezaremos con una práctica común en los programas de mindfulness, los movimientos conscientes.

Hacernos más conscientes de nuestros movimientos nace del interés de profundizar en nuestra práctica y en nuestro comportamiento. Hay personas que comen de pie, personas que sentadas no pueden estar en calma, personas que no pueden estar en la mesa con las manos vacías mientras mastican o tragan. Personas para las cuales ralentizar es complicado debido al ritmo de vida y de actividad. Podemos darnos cuenta de estos procesos simplemente observando cuáles son nuestros rituales una vez empezamos a comer. Cómo nos movemos y nos sentamos, si existen incluso movimientos o rituales que estén estereotipados en nuestro patrón de conducta.

La práctica de la semana

Ser conscientes de la posición del cuerpo, la actividad de las manos, la calma del cuerpo nos ayuda a llevar la atención al momento presente. Al momento de sentarnos y alimentarnos. Para ello empezamos la sesión como siempre, practicando.

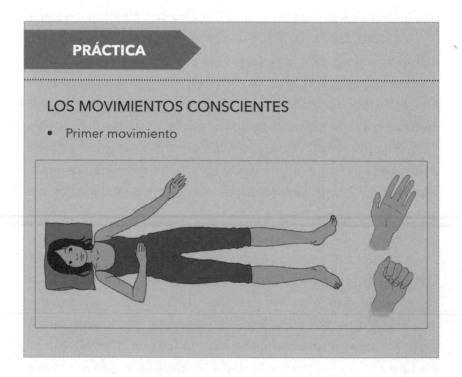

PRÁCTICA

LOS MOVIMIENTOS CONSCIENTES

- Primer movimiento

- Segundo movimiento

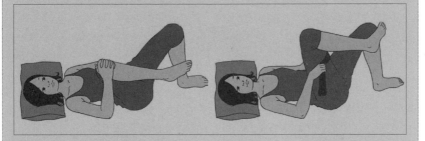

- Tercer movimiento

- Cuarto movimiento

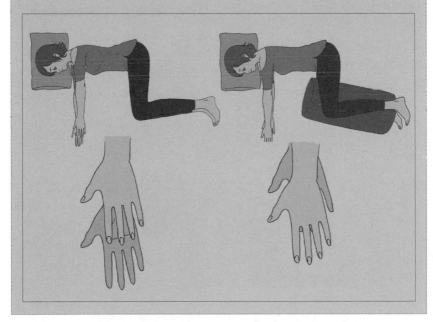

- Quinto movimiento

- Sexto movimiento

Esta práctica otorga al cuerpo la importancia que tiene en nuestra vida y nos dice cómo nos podemos reconectar con él, aumentando esa vía de comunicación, tratando de escuchar y de beneficiarnos de las señales que aparecen.

Como siempre, el cuerpo y nuestra relación con él son las guías de las decisiones conscientes y de nuestra atención plena.

Repaso de la semana

Continuamos avanzando en el camino, no sin antes echar la vista atrás: los cambios experimentados durante la semana, los avances, las dificultades y las experiencias. En la sesión anterior se hacía un ejercicio donde se practicaba con la saciedad corporal como un indicativo para dejar de comer. Se pedía a los participantes que, al comer, fueran conscientes de si eran capaces de experimentar ese fenómeno por el cuál las sensaciones en la boca y en el cuerpo iban variando mientras comían.

Al avanzar las sesiones, el número de experiencias acumuladas va siendo mayor. Es habitual que el tiempo que compartimos al inicio de la sesión sea cada vez más profundo y el deseo por compartir más necesario. Hay que saber que las experiencias pueden ser variables y tan pronto vemos que una persona avanza como que hay otras que comparten un episodio de comer emocional que se ha producido en la última semana. Lo importante es, en ambos casos, dejar tiempo al inicio de la sesión para que se comparta y guiar para una buena indagación de cada experiencia.

Los cambios conductuales observables suelen darse a estas alturas del programa. Con las primeras sesiones, se ha alcanzado una mayor consciencia de los distintos patrones de ingesta y, con ellos, cómo nos relacionamos con la comida.

Las distintas situaciones vividas nos brindan diferentes objetos de observación, nos hacen ser conscientes de determinados procesos que teníamos automatizados y normalizados. De esta manera, por ejemplo, al llegar a casa tras un día duro, estamos muy cansados y podemos observarnos a nosotros mismos en ese proceso que nos lleva a comer emocionalmente. Podemos observar con esa curiosidad tan importante, si el proceso lo ha iniciado un pensamiento o una emoción. Quizá hemos tenido un día con mucho trabajo y aparece en nuestra mente un pensamiento que nos recomienda comer para poder estar mejor, o para recompensarnos por el mal día.

Para muchas personas que sufren insomnio, comer durante esas largas noches es algo que va de la mano. Incluso hay personas que, cuando se desvelan en mitad de la noche, sienten la necesidad de ir a la nevera. Son rutinas automatizadas que se pueden observar y compartir en el grupo. Lo interesante, además, es observar si se ha dado una respuesta distinta a la que hubieran dado en un momento similar en el pasado. Si se ha sido consciente de ese proceso que emergía y si se ha dado una alternativa. Es bueno, en ese caso, indagar sobre el grado de coste o esfuerzo que ha supuesto.

Por extraño que nos resulte, cuando se da otra respuesta distinta, se suele hacer con una naturalidad y sin un esfuerzo grande. Y ser consciente de que se puede dar una respuesta distinta a la automatizada suele sorprender a todo el mundo. Si han sido capaces, sin gran sufrimiento como imaginaban, se dan cuenta de que esa respuesta siempre ha estado ahí, lo que motiva a que en el futuro las personas estén dispuestas a dar una respuesta distinta y, por qué no, una respuesta que sea permanente.

Pasado el ecuador del programa, es posible que en las experiencias y vivencias haya aparecido algún episodio de comer emocional. Quizá se espera más de uno mismo tras varias semanas de trabajo, pero no debe de convertirse en un fracaso total y absoluto. Un episodio de comer emocional nos permite observar hasta qué punto ese comer emocional es intrínseco a las conductas automatizadas que tenemos relacionadas con la comida. Permite darnos cuenta de la importancia de la consciencia diaria, momento a momento. Además, si observamos ese episodio de comer emocional, tal vez encontremos cuáles fueron los desencadenantes que sentíamos en ese momento. Qué pensamientos ocuparon nuestra mente, de dónde salió la decisión de ese comer emocional.

Reevaluar estos aspectos nos permite aprender más sobre ellos y, en un futuro, darnos cuenta de cuándo aparecen los desencadenantes: si siempre son los mismos pensamientos, si es una situación concreta... En cualquier caso, cómo afrontemos estos episodios de comer emocional es vital. Trataremos de incidir en esa voz crítica y sustituirla por una más compasiva. Esto, sumado a la aceptación radical de lo que ha ocurrido, es el verdadero motor del cambio.

SACIEDAD II Y·VALORES

En la sesión previa hicimos una práctica donde trabajábamos los valores personales y donde buscábamos comparar cuáles creemos que son los nuestros, aquellos a los cuales damos más importancia, aquellos en los que más tiempo y energía nos gustaría invertir, con aquellos a los que más tiempo y energía dedicamos de verdad. De esta comparativa surgía el nivel de discrepancia y, en la segunda parte del ejercicio, tratábamos de buscar una dirección valiosa, es decir, un repertorio nuevo de conductas que nos llevara a tener una mayor congruencia con nuestro valores personales. Podemos preguntar: ¿qué aspectos de la vida se han dado cuenta de que pueden cambiar y cuáles no? Y si, para los primeros, han decidido llevar a cabo cambios conductuales.

En la sesión anterior también introdujimos las señales que favorecen saber cuándo parar de comer. Hablábamos de la energía que teníamos, la atención, y también de la saciedad al sabor mediante la práctica del chocolate.

En esta sesión vamos a trabajar el tercer aspecto relativo a la sensación de sentirse lleno, otro indicador que nos puede guiar a cuándo parar de comer. Para ello haremos la práctica de la saciedad del estómago. Será necesaria una botella de medio litro o dos vasos grandes de agua.

Práctica de la saciedad del estómago

A menudo, muchas personas tienen ciertas resistencias o no consiguen conectar con las sensaciones físicas. Lo que pretende esta práctica es hacer que la persona experimente. Tratamos de llevar la experiencia de sentir nuestro estómago lleno al momento presente. A lo largo de la práctica somos conscientes de cómo se llena nuestro estómago, en este caso de agua. Y cómo cambian las sensaciones físicas tras habernos bebido esta cantidad de agua. Esta sensación física se produce cuando nos sentimos llenos. Podemos ser conscientes de cómo es distinta de las sensaciones de, por ejemplo, el hambre. Es posible que, durante la práctica, nos hayamos sentido más llenos. Sin embargo el nivel de hambre se ha mantenido inalterable. Son dos procesos distintos de los cuales vamos poder ser conscientes cuando comamos. El sentirnos llenos es, también, un indicativo de cuándo parar de comer, pero hay que experimentar que es distinto del no tener hambre.

Estas sensaciones físicas de sentirnos muy llenos es posible que sean desagradables, de pesadez, o de malestar. Lo ideal es que cuando terminemos de comer, nuestro estómago no esté excesivamente lleno, sino que tratemos de buscar un punto donde nos sintamos agradablemente llenos. Un punto donde al comer seamos capaces de satisfacer nuestro nivel de hambre, nos sintamos llenos, pero no en exceso, y nuestras necesidades biológicas hayan quedado satisfechas de una forma equilibrada.

En ocasiones comemos y paramos de comer cuando la sensación de llenado es excesiva; lo ideal es buscar, momento a momento, cómo van cambiando estas sensaciones y parar antes de llegar a las sensaciones de pesadez y molestia.

Nuestro estómago es un órgano al que, como al resto, no le gusta trabajar en exceso o a marchas forzadas. A una máquina no le podemos exigir que continuamente esté al límite de su carga de trabajo. Por ello, es importante ser consciente de cómo trabaja momento a momento. De darle trabajo, pero no en exceso. De nutrir nuestro cuerpo sin forzar nuestro organismo. Al fin y al cabo, nuestro estómago, como nuestro organismo, también necesita tiempo para descansar y turnos de trabajo donde la carga no sea excesiva. De esa manera, podremos satisfacer nuestras necesidades nutricionales. Satisfaciendo nuestra hambre, tendremos una mayor comodidad, y nos sentiremos mejor con nosotros mismos al sentirnos en equilibro con las sensaciones al comer.

Con esta práctica seremos conscientes de que sentirse hambriento y sentirse lleno no son dos polos de un mismo continuo, a pesar de estar relacionados. Podríamos representarlo mediante un esquema como el siguiente:

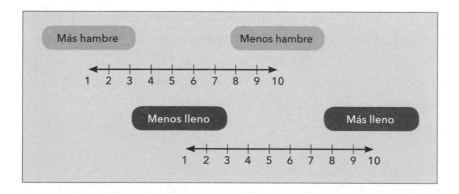

El hambre, sentirse lleno o sentirse saciado son procesos distintos controlados por diferentes partes del cuerpo y del cerebro. Puedes sentir hambre y sentirte vacío, si bebes agua como antes, no te sentirás tan vacío, pero seguirás teniendo hambre. Si comes, por ejemplo, una barrita energética, te sentirás un poco menos vacío y un poco menos hambriento. Si alguien tuviera problemas para ver esta diferencia o las sensaciones de hambre, puede probar a retasar una comida siendo consciente de las sensaciones que se van produciendo poco a poco.

INTRODUCCIÓN AL BANQUETE

En esta sesión es bueno anunciar que, en dos sesiones posteriores, se realizará una práctica muy especial, la llamada práctica del banquete. Esta práctica se realiza en la séptima sesión y en ella se pide a los participantes que traigan dos alimentos: un alimento que desencadene un mayor comer emocional, como por ejemplo chocolate, patatas fritas, frutos secos, etc.; y otro que ellos consideren saludable y que no les lleve habitualmente a un comer emocional. De ambos alimentos se deben traer 3 o 4 porciones para compartir con los demás compañeros del grupo. Tienen que ser cosas que se puedan comer de una forma fácil, con las manos o con tenedor.

Se avisa con tiempo para que decidir qué traer no se convierta en fuente de estrés y se tenga margen suficiente para pensarlo bien. La práctica será grupal y se trabajará cómo romper el ciclo del comer emocional. No se da más información y, en la siguiente sesión, se darán más detalles.

COMER EMOCIONAL II

La sesión puede proseguir lanzando una pregunta al grupo: si alguien a lo largo de estas semanas se ha sentido más consciente de sus emociones y de cómo le han afectado a la hora de comer. Podemos preguntar si, quizá, han percibido un comer emocional desencadenado por el enfado, la ansiedad o la tristeza. Y si se han observado a sí mismos en estos procesos, tratando de manejarlos mediante la comida. A menudo, estos procesos de comer emocional están asociados a una emoción muy negativa que incluso nos puede llevar a un comer emocional posterior. Ahí radica la importancia de que, cuando empecemos a comer, nos preguntemos por nuestro estado emocional, sabiendo que en todo momento podemos romper esos desencadenantes que nos llevan a ese comer emocional. Incluso cuando el episodio ya ha pasado, podemos seguir rompiendo con sus efectos posteriores. Podemos empezar a eliminar esa voz crítica, muchas veces poco constructiva, tratando de trabajar con la aceptación de que ha ocurrido, de que somos humanos, y la aceptación de que había una emoción que tratábamos de manejar con los medios a nuestra disposición. Estamos trabajando para poder aprender a controlar estos procesos. Es muy importante tratar de romper esa voz crítica y empezar a trabajar con una mayor aceptación. Una aceptación radical.

Para ello vamos a seguir con una práctica que llamamos la meditación del perdón.

Práctica del perdón

Con esta práctica se trabaja el aspecto de la aceptación radical, referida a pensamientos y emociones de cada momento; del cómo podemos ser conscientes de que, tras un episodio de comer emocional, la respuesta más saludable no es castigarnos por ello y añadir aún más sufrimiento. Eso no solucionaría nada. Sustituir esta voz no es dar permiso para que se repita el episodio en el futuro. Existe la creencia de que no autocriticarse o machacarse por lo ocurrido, hace que las personas vuelvan una y otra vez a incurrir en episodios de comer emocional. Esta voz crítica no es nuestro punto de control, de hecho a menudo lo obstaculiza. Hay que establecer una relación más saludable con nuestro cuerpo. No verlo como un enemigo o algo ajeno a nosotros, si no como parte de nosotros. A muchas personas les puede resultar forzoso o ficticio mandar emociones positivas a su propio cuerpo. En este caso, bastará simplemente con que se al menos se detenga la voz crítica.

AFRONTAMIENTO COMPASIVO

Se tiene la creencia popular de que, si sustituimos la voz crítica por una voz más compasiva, si la sustituimos por la mera aceptación radical, las personas tenderán a tener episodios de comer emocional, uno tras otro, sin que haya ningún tipo de control. No es cierto. El hecho de que sustituyamos la voz crítica por una más compasiva, que sea capaz de aceptar lo que ocurre, nos permite cambiar unas actitudes y conductas en el futuro. Muchas veces es contraproducente que, tras un episodio de comer emocional, añadamos aún más sufrimiento del que ya experimentamos, generando así un sufrimiento secundario a las emociones previas. Aceptar significa ser consciente de lo que ha ocurrido y adoptar también un compromiso de cambio en el futuro en el cual podamos dar otro repertorio de conductas más equilibrado. Por experiencia, sabemos que la voz crítica no lleva a un cambio de actitudes por sí mismo. A menudo se generan círculos viciosos donde, tras un episodio de comer emocional, las personas se critican a sí mismas, aparecen emociones como la culpa o la vergüenza, que generan un mayor sufrimiento, el cual se intenta calmar más tarde mediante la comida.

La idea es que cada cual sea capaz de responsabilizarse de todas las decisiones que toma de forma consciente y no echar la culpa a los propios alimentos o a otras personas, con las que a menudo regulamos nuestros patrones de ingesta. Los episodios de comer emocional son, casi siempre, en ausencia de gente en la que depositamos ese punto de control sobre nuestra alimentación. En su ausencia, la persona siente que no tiene el control. Por ello hay que fortalecer la consciencia, trabajando con la decisión consciente. Cada uno tiene que trabajar, momento a momento, con esa figura interior de atención ligada a los patrones de ingesta.

Podemos realizar una última práctica en esta sesión tratando de sustituir esa voz crítica por una más compasiva.

Y para las tareas para casa seguiremos utilizando las meditaciones, pararemos a mitad del plato principal, y observaremos las sensaciones físicas que se desprenden ligadas a las sensaciones de plenitud del estómago.

PRÁCTICA

LA SACIEDAD DEL ESTÓMAGO

- Nos permitimos mantener los ojos cerrados durante la próxima serie de respiraciones. Podemos dejar las manos sobre el vientre y realizar 3 o 4 respiraciones lentas y profundas. No forzamos la respiración, solo vamos a ir a la parte inferior de los pulmones. Podemos sentir nuestro pecho subir y bajar. Podemos sentir cómo nuestras costillas se expanden hacia el exterior, hacia los lados, para después relajarse. Podemos sentir cómo respirando suavemente, el aire llega a la parte inferior de los pulmones, podemos sentir nuestro abdomen expandirse en la inhalación y cómo se contrae en la espiración.

- Somos conscientes de las emociones que emergen en este momento. En una escala del 1 al 10, ¿cómo de hambrientos estamos ahora? ¿Cómo nos sentimos físicamente en este momento? ¿Qué experimentamos en nuestro estómago? En una escala del 1 al 10, ¿cómo de satisfechos nos sentimos?, siendo 10 «absoluta satisfacción» y 1, «totalmente hambriento». ¿Cómo lo sabemos? No hay respuestas correctas o incorrectas. Reservamos un tiempo para estar al tanto de todas las sensaciones que pueden aparecer en nuestra experiencia.

• Ahora, cogemos nuestra botella de agua. Y bebemos cerca de la mitad (o uno de los vasos de agua), prestando atención a cualquier cambio en la sensación en el estómago. Volvemos a valorarlo. En una escala de 1-10, ¿cómo de llenos nos sentimos en este momento?

• Bebemos el resto de agua y comprobamos de nuevo, en una escala de 1-10, lo llenos y lo hambrientos que nos sentimos en este momento.

• Dirigimos nuestra atención a la respiración, realizamos varias respiraciones profundas y tomamos consciencia de la sala, del espacio en que ocupamos en este momento. Cuando estemos preparados, podemos volver a abrir los ojos.

PRÁCTICA

LA SACIEDAD DEL ESTÓMAGO

- Nos permitimos mantener los ojos cerrados durante la próxima serie de respiraciones. Podemos dejar las manos sobre el vientre y realizar 3 o 4 respiraciones lentas y profundas. No forzamos la respiración, solo vamos a ir a la parte inferior de los pulmones. Podemos sentir nuestro pecho subir y bajar. Podemos sentir cómo nuestras costillas se expanden hacia el exterior, hacia los lados, para después relajarse. Podemos sentir cómo respirando suavemente, el aire llega a la parte inferior de los pulmones, podemos sentir nuestro abdomen expandirse en la inhalación y cómo se contrae en la espiración.

- Somos conscientes de las emociones que emergen en este momento. En una escala del 1 al 10, ¿cómo de hambrientos estamos ahora? ¿Cómo nos sentimos físicamente en este momento? ¿Qué experimentamos en nuestro estómago? En una escala del 1 al 10, ¿cómo de satisfechos nos sentimos?, siendo 10 «absoluta satisfacción» y 1, «totalmente hambriento». ¿Cómo lo sabemos? No hay respuestas correctas o incorrectas. Reservamos un tiempo para estar al tanto de todas las sensaciones que pueden aparecer en nuestra experiencia.

- Ahora, cogemos nuestra botella de agua. Y bebemos cerca de la mitad (o uno de los vasos de agua), prestando atención a cualquier cambio en la sensación en el estómago. Volvemos a valorarlo. En una escala de 1-10, ¿cómo de llenos nos sentimos en este momento?

- Bebemos el resto de agua y comprobamos de nuevo, en una escala de 1-10, lo llenos y lo hambrientos que nos sentimos en este momento.

- Dirigimos nuestra atención a la respiración, realizamos varias respiraciones profundas y tomamos consciencia de la sala, del espacio en que ocupamos en este momento. Cuando estemos preparados, podemos volver a abrir los ojos.

> **PRÁCTICA**

EL PERDÓN

- Adoptamos una posición cómoda en la silla, nos sentamos erguidos, con una postura digna. Permitimos a nuestro cuerpo adquirir sensaciones de calma y tranquilidad. Nos concentramos en nuestra respiración, dejamos que el flujo de aire se dirija hacia el diafragma inferior, sin ninguna tensión. Posteriormente exhalamos suavemente, siendo conscientes de las sensaciones corporales. Sentimos comodidad en el cuerpo y, ahora, tomamos consciencia de las partes de nuestro cuerpo donde sentimos tensión o incomodidad. ¿Qué partes son?

- Somos conscientes de los juicios que pueden surgir acerca de las partes de nuestro cuerpo. Pueden aparecer sensaciones de ira, de pena, de miedo, de tristeza o cualquier otra emoción. Podemos tener la sensación de haber sido traicionados por nuestro cuerpo. Podemos sentirnos enfadados con nosotros mismos por no haber cuidado de nuestro cuerpo.

- Ahora, observamos estos sentimientos, vamos a estar ahí, observando cómo comienzan a aflojar. Empezamos a reemplazar esos juicios con un tono de respeto, con un sentido de propiedad, nuestro cuerpo nos pertenece. Experimentamos un sentimiento de perdón hacia nuestros juicios acerca de nuestro cuerpo, nos perdonamos por no permitirnos no ser perfectos, no ser como nos gustaría. Una vez más, tomamos consciencia de aquellas partes del cuerpo que percibimos menos cómodas, las reconocemos, fijamos nuestra atención en esas zonas con delicadeza y aprecio.

  Les ofrecemos perdón, afecto. Inspiramos y nos dirigimos a nosotros mismos: «yo me perdono» y, al exhalar, nos decimos: «me trato con respeto y amabilidad». Ahora, intentamos recordar qué hemos sentido al comer demasiado, o al haber perdido el control. La escena: ¿qué estábamos comiendo?,

¿cómo nos sentíamos antes de comer?, ¿cómo nos sentíamos mientras estábamos comiendo?, ¿cómo nos sentimos después?, ¿cómo nos sentimos con nosotros mismos?, ¿qué tipo de pensamientos pasaron por nuestra cabeza?, ¿estábamos siendo críticos con nosotros mismos? Recordamos que no existen respuestas incorrectas, cualquier pensamiento está bien, porque nosotros no somos nuestro pensamiento. Solo lo observamos.

- Ahora, de nuevo, volvemos a nuestra respiración. Sentimos la respiración natural y cómoda en nuestro diafragma. Al exhalar, dejamos que la crítica y la autocrítica desaparezcan. No comemos demasiado por ser malas personas. No comemos demasiado por ser débiles. Hace algún tiempo, posiblemente incluso antes de que tengamos memoria, aprendimos que los alimentos pueden causar consuelo, que pueden aliviar el dolor. Comer es un placer simple. Y a pesar de todas las dificultades que puede haber traído la comida, nos ha ayudado a consolarnos desde hace años.
Es posible que lo hayamos necesitado para aliviar el dolor. Lo hemos hecho lo mejor que hemos podido. Pensamos en ello y nos brindamos perdón. Los demás nos perdonan. Inspiramos, nos dirigimos a nosotros mismos: «Yo me perdono». Al exhalar, nos decimos: «Me gusto». Respiramos y repetimos para nosotros mismos: «yo me perdono». Sentimos nuestra respiración. Respiramos y repetimos: «yo me perdono, yo me gusto».

- Ahora estamos aprendiendo una nueva forma de consolarnos a nosotros mismos. El malestar se convierte en calma. Nos sentimos seguros. Estamos aprendiendo mindfulness. Estamos aprendiendo a prestar atención. A escucharnos, a percatarnos de nuestros pensamientos, sentimientos, felicidad, tristeza, sin realizar juicios, simplemente observándolos conscientemente y con suavidad, y luego dejándolos ir.
Tenemos un compromiso con nosotros mismos, la bondad hacia nosotros, el coraje. Estamos aprendiendo de una ma-

nera diferente a aliviar el dolor, para encontrar la paz y el control. Ahora dirigimos de nuevo el foco de la atención hacia la respiración, respiramos y somos conscientes de la sensación de calma y de la respiración; sonreímos hacia nosotros mismos. Los pensamientos o emociones que hemos experimentado están bien, solo los observamos.

- Devolvemos, amablemente, nuestra atención hacia la respiración. Sentimos el aire frío en la punta de la nariz al inhalar. Sentimos el aire caliente en la punta de la nariz cuando exhalamos. Ahora, tomamos consciencia de nuestro cuerpo en este lugar. Comenzamos visualizando el espacio alrededor de nosotros, mientras permanecemos totalmente conscientes y en alerta. Cuando estemos listos, podemos abrir los ojos».

NUTRICIÓN, EJERCICIO FÍSICO Y ALIMENTACIÓN CONSCIENTE

- Meditación de la alimentación consciente integrada
- Revisión de tareas para casa
- Práctica de las patatas fritas
- Estilos de vida saludables
- Caminar consciente
- Tareas para casa y cierre

MEDITACIÓN DE LA ALIMENTACIÓN CONSCIENTE INTEGRADA

Comenzamos la sexta sesión con una meditación relacionada con el comer con la atención plena.

Empezamos realizando la meditación de la alimentación consciente integrada. Esta práctica exige un mínimo de visualización y de imaginación. En ella vamos a tratar de buscar las señales, las claves que nos permitan tener un comer consciente más sabio y equilibrado.

REVISIÓN DE TAREAS PARA CASA

Tras la práctica pasamos a la revisión de las tareas para casa. La sesión anterior realizamos una práctica especial: la práctica del perdón. En ella tratábamos de buscar el bienestar con nosotros mismos, volver al equilibrio, a la paz interior. Podemos preguntar si nos hemos encontrado a nosotros mismo, a lo largo de esta semana, tratándonos mal, con juicio o autocrítica tras comer algún alimento o en alguna otra situación.

O si por el contrario nos hemos encontrado siendo más benevolentes con nosotros mismos, permitiéndonos equivocarnos, aprendiendo de nuestros errores.

Este es un elemento vital en el programa. Para que haya un cambio en nosotros mismos tiene que haber un cambio en la manera de tratarnos. Sin compasión, no hay cambio posible. Podemos dejar, como siempre, unos minutos para que las personas compartan las experiencias de la semana. Que hablen sobre sus descubrimientos, dificultades, emociones, sobre si algo ha cambiado en ellos. Es bueno dejar estos momentos para que se comparta el aprendizaje. Esta sesión es eminentemente práctica, aunque contiene información para investigar en casa. Contiene sabiduría interna y externa para trabajar a lo largo de la semana.

PRÁCTICA DE LAS PATATAS FRITAS

Tras estos momentos de compartir experiencias, seguimos la sesión con una práctica divertida y que nos permite pensar. Es una práctica presente en el programa de Jan Chozen, ME-CL.

A muchas personas, al principio les resulta complicado comer mientras se habla en un ambiente controlado.

Pero, tras esos segundos las personas descubren lo fácil que es y lo habituados que estamos a comer más cuando estamos con una emoción intensa, como el enfado o la rabia, y cómo lo hacemos de manera automática. Somos capaces de acabar con toda la comida que nos pongan delante. Seremos conscientes de lo que acaba de ocurrir si recordamos las diferencias entre las patatas que acabamos de comer, si tenían distinta forma, tamaño o sabor, si nos hemos dejado llevar por la historia que contábamos o si cambiábamos rápidamente nuestro foco de atención de las patatas a la historia.

A menudo, lo que nos encontramos es que a muchas personas una emocionalidad intensa o, simplemente, el recuerdo de un hecho que ha producido rabia o estrés, ya provoca, en sí mismo, una falta de atención en el momento de comer. Este es el típico ejemplo que se da cuando salimos con amigos y contamos una historia de algo que nos importa, mientras comemos el plato que tenemos delante.

PRÁCTICA

LAS PATATAS FRITAS

- Se invita a las personas del grupo a formar parejas. A cada miembro de la pareja se le da un puñado generoso de patatas fritas de bolsa. Y, posteriormente, se invita a uno de ellos a recordar una situación que le haya enfadado de verdad, tratando de visualizar la escena. Se cierran los ojos, y mientras se revive la experiencia, se pueden también apretar los puños de una manera enérgica y fruncir el ceño para así aumentar las sensaciones y las emociones. Recordamos si fue algo que vimos o que nos dijeron. Tratamos de recordar cómo nos sentimos y cómo reaccionamos, qué emociones estuvieron presentes. Quizá fue rabia, impotencia, frustración, estrés, etc. Tratamos de sentir y revivir de nuevo la experiencia.

- Al abrir los ojos vamos a tratar de explicar a nuestro compañero la situación que nos causó esas emociones y, mientras se lo contamos, vamos a ir comiendo a su vez el puñado de patatas fritas que tenemos delante. Podemos dejar unos 5-7 minutos para contar esa historia y, cuando acabe la primera persona, es turno de la otra. De igual manera cierra los ojos recuerda la escena mientras aprieta los puños y frunce el ceño. Tras dejar un tiempo para que la persona recuerde con detalle la escena es tiempo de que la comparta con la otra persona de la pareja mientras come el puñado de patatas fritas.

- Cuando los dos miembros de la pareja han terminado, se deja un tiempo para que compartan la experiencia.

Comer fuera de casa ya es, para mucha gente, un posible desencadenante del comer emocional. Un espacio donde nos dejamos llevar por las emociones, nos arrastramos por los pensamientos y donde realmente no escuchamos a nuestro cuerpo.

Si preguntáramos por el grado de satisfacción de comer de una manera consciente, seguramente sería más satisfactorio. Con toda probabilidad, no hubiéramos podido ni acabarnos ese puñado de patatas fritas. Este es un ejercicio para cuando comemos fuera, con amigos o familiares, y estemos contando una historia con una emocionalidad que nos atrapa. El objetivo es estar conscientes, atentos, a estos alimentos y a cómo reaccionamos; a cómo de una manera automática vamos a comer sin estar plenamente consciente y la importancia de la atención plena a cada momento.

ESTILOS DE VIDA SALUDABLES

Este programa no lleva ningún tipo de dieta asociada. Lo que se trabaja a diario es nuestra relación con la comida. Llevamos nuestra sabiduría interna a otro nivel, tratamos de cambiar la relación con la comida desde nuestro interior. Ese es el punto de origen, sabiendo que también hay otra sabiduría que nos puede ayudar y que llamamos externa: la constituye, por ejemplo, los conocimientos nutricionales sobre los alimentos que comemos.

Tampoco se pretende llenarnos de conocimientos técnicos, pero sí poseer unos conocimientos básicos. Nos puede hacer conscientes de la necesidad de comer más fruta y verdura, sabiendo cuándo el cuerpo pueda necesitar otros alimentos.

Un mayor conocimiento sobre la alimentación permite también tomar decisiones más conscientes y equilibradas. Incluso por mi propia experiencia, nos convierte en mejores cocineros, lo que constituye una manera de disfrutar aún más de los alimentos.

Recomendamos dar información fiable, demostrada empíricamente. Alrededor de la alimentación hay mucha información incompleta, poco demostrada e incluso sujeta a intereses comerciales. Por eso es bueno, cuando las personas quieren conocer más, ofrecer recursos fiables.

Hay dos páginas web interesantes, sencillas y muy didácticas sobre el tema. Una pertenece al Ministerio de Sanidad, Servicios Sociales e Igualdad[1] y la otra, a la Fundación Española de la Nutrición.[2]

La información nutricional junto con la información (que ya comentamos en otro capítulo, referida al incremento de la actividad física) conformarían lo que podemos englobar como sabiduría externa. Información que nos llega no a través del cuerpo, sino del conocimiento que brinda la ciencia y el desarrollo humano. Ambos aspectos, tanto la información nutricional como el ejercicio físico, favorecen un entendimiento global de lo que supone la compleja la conexión con el cuerpo y con la comida.

CAMINAR CONSCIENTE

La manera más sencilla de incrementar o empezar a hacer ejercicio físico es caminando. Todos, en mayor o menor medida, nos desplazamos a nuestros lugares de trabajo, a la compra o, a veces, por el mero placer de andar.

Tras finalizar la práctica podemos dar un espacio para que las personas compartan las experiencias, lo que ha surgido. Esta práctica es muy útil para personas con un alto nivel de ansiedad. Se les invita a que caminen de una manera rápida si lo prefieren. Lo importante es que mantengan la atención en la planta de los pies como punto de anclaje.

Conforme disminuyen los pensamientos y se dejan ir las emociones, caminamos de forma más lenta y más consciente, y nos anclamos en las sensaciones. Invitamos a los participantes

---

[1] http://www.estilosdevidasaludable.msssi.gob.es/

[2] http://www.fen.org.es/index.php

a que practiquen a lo largo de esta semana y les preguntamos si alguno ha tenido dificultades.

Frecuentemente, a ciertas personas les cuesta sincronizar el movimiento de caminar con la respiración. Esto es algo que se supera con un poco de práctica. Este ejercicio se recomienda en lugares espaciosos o al aire libre, allí donde no exista peligro, como en parques o jardines. Por último, podemos preguntar sobre qué se ha experimentado al dejar pasar el impulso y qué ha significado para cada uno. Estableceremos la analogía de dejar pasar determinados impulsos automatizados en nuestro día a día relacionados con la comida y cómo los podemos sentir y observar; cómo podemos tomar la decisión consciente de no dejarnos arrastrar de una forma libre.

Esta práctica puede ser una actividad algo distinta recomendable cuando nos encontramos ante un comer emocional y que podemos realizar siempre que lo sintamos.

TAREAS PARA CASA Y CIERRE

Invitamos a las personas a que mantengan la práctica y el nivel de consciencia que durante la semana les ayudará a descubrir nuevas experiencias. También que visiten las páginas web y los recursos que ofrecemos, que hablan sobre nutrición. Podemos despedirnos con una breve práctica.

PRÁCTICA

MEDITACIÓN SOBRE ALIMENTACIÓN CONSCIENTE INTEGRADA

- Tomamos asiento y adoptamos una postura cómoda a la vez que cerramos los ojos. Respiramos profundamente varias veces, permitimos al aire llenar los pulmones y fluir por todo el recorrido hasta el vientre, y entonces volvemos atrás. Identificamos cualquier tensión y respiramos relajadamente. Permitimos a nuestra respiración alcanzar un ritmo natural y confortable, atendiendo al aire fresco que entra a través de la nariz y al aire cálido que sale. Observamos el contenido de nuestra mente, pero sin aferrarnos o huir de él. Simplemente observamos, después poco a poco vamos volviendo a nuestra respiración.

- Imaginamos que estamos a punto de comer algo muy sabroso. Hay una cantidad enorme de comida que nos gusta encima de la mesa, incluyendo alimentos que hemos elegido porque los disfrutamos, pero que, además, son sanos. Imaginamos los alimentos en la mesa, asegurándonos de incluir alguno de nuestros platos favoritos. Antes de comer, nos tomamos tiempo para respirar profundamente, concentrarnos y ser conscientes.
  Cuando hagamos esto, contactamos con las necesidades de nuestro cuerpo, observando si estamos hambrientos. ¿Cómo son esas señales? ¿Cuánta hambre tenemos? Nos damos cuenta de que el cuerpo necesita comida, miramos los alimentos en la mesa y elegimos conscientemente la comida que vamos a poner en nuestro plato.

- Empezamos a comer conscientemente. Observamos los sabores y texturas de los alimentos, y cómo la boca y el cuerpo reaccionan a la comida. Observamos cómo reaccionamos emocionalmente. Nos permitimos disfrutar de la comida, sin ninguna culpa o autocrítica. Después de todo, estamos tratando nuestro cuerpo con respeto, comiendo cuando estamos hambrientos. Observamos cómo el cuerpo nos señala que el hambre desaparece. Nuestro estómago se siente menos vacío. Las crecientes punzadas de hambre ya han desaparecido. Continuamos comiendo y somos conscientes de la reacción del cuerpo. Ponemos atención a cómo la boca responde a lo que hemos tomado. Podemos observar que la comida empieza a perder su sabor y deja de saber tan bien si seguimos comiendo. Decidimos cuándo queremos seguir comiendo o cuándo deseamos parar, nos damos permiso para dejar algo de comida en el plato. Y nos hacemos conscientes de que la atracción por la comida desciende al tiempo que nos llenamos. Ahora ponemos especial atención en los diferentes niveles de consciencia en el estómago.

- Continuamos comiendo hasta que nos sintamos moderadamente llenos, no a rebosar, pero tampoco con hambre. Este es un buen momento para parar de comer. Si parásemos demasiado pronto, no estaríamos respetando las necesidades de nuestro cuerpo, nos sentiríamos hambrientos y esto podría provocarnos un atracón en el futuro. Si nos llenamos, además de no respetar al cuerpo nos sentiremos hinchados e incómodos. Somos conscientes de las señales del cuerpo, si está sobrealimentado. ¿Qué sentimos mientras estamos comiendo? ¿O tras treinta minutos de haber comido, o tras una hora o varias horas después?

- Somos conscientes de nuestra reacción emocional ahora que hemos parado de comer. Cuando paramos al sentirnos moderadamente llenos, ¿sentimos una sensación de orgullo por la relación armoniosa que se desarrolla en nuestro cuerpo? ¿Todavía hay un impulso emocional de seguir comiendo, a pesar de saber que el cuerpo está satisfecho? Si es así, tenemos que tomar una decisión. Podemos seguir comiendo hasta sentirnos incómodos en ese mismo momento o más tarde, o podemos encontrar otras maneras de satisfacernos a nosotros mismos.

- Ahora centramos nuestra atención en la respiración, con un sentido de calma y consciencia, exhalamos cualquier tensión que podríamos mantener.
Y ahora volvemos a ser conscientes de nuestro cuerpo en este lugar. Empezamos a visualizar la habitación alrededor nuestro y seguimos con consciencia plena. Podemos abrir los ojos cuando estemos preparados.

SEMANA 7

COMER EMOCIONAL Y BANQUETE

INTRODUCCIÓN

Vamos a empezar como siempre con una práctica llamada práctica de mindful eating. En ella se va a pedir un ejercicio de imaginación y de visualización del momento que habitualmente vivimos al comer.

En esta práctica se intenta que la persona sea consciente de los procesos automáticos y de las decisiones en las que normalmente no reparamos. A lo largo de la sesión, se van a trabajar estos aspectos con dos ejercicios fundamentales para el programa, como son: el análisis de la cadena y la práctica del banquete.

Empezamos con la práctica y compartiremos la experiencia. A menudo, muchas personas tienen dificultades para imaginar o visualizar. Para facilitar el proceso podemos, inicialmente, visualizar la situación de una forma general y detenernos, posteriormente, en los pequeños matices.

COMER EMOCIONAL

En esta séptima sesión vamos a centrarnos tanto en las sobreingestas como en el manejo de los episodios de comer emocional. A lo largo de estas semanas hemos podido descubrir cómo, cuando aparecen determinadas situaciones o emociones, las rechazamos o nos quedamos atrapadas por ellas y desencadenamos, a veces, episodios de comer emocional. En su origen, suelen estar presentes emociones como la vergüenza, la autocrítica o la reina de todas ellas, la culpa.

A menudo, estos procesos automatizados surgen de una manera rápida, simplemente como pensamiento o emoción, o como reacción a una imagen o un anuncio en la televisión. Es posible que hayamos aprendido a lo largo de esta semanas a darnos cuenta de cómo surgen y de cómo algunos de ellos son más difíciles de manejar que otros.

En el futuro quizá volvamos a tener esos episodios de comer emocional o de sobreingesta. Por ello, tenemos que saber que esos procesos se pueden detener tanto cuando surgen, como cuando se desarrollan o cuando finalizan.

Una vez terminado el episodio, las emociones negativas aparecen y el bienestar momentáneo es reemplazado por la autocrítica. Las emociones generadas retroalimentan el proceso de comer emocional, de sentirnos mal y de seguir comiendo. Es por ello que, aunque nos critiquemos, eso no asegura que vaya a haber un cambio de conducta, de hecho, a menudo lo dificulta.

No obstante, los procesos de comer emocional pueden tener un valor de aprendizaje vital. Podemos echar la vista atrás en esos momentos, observarlos y analizarlos para entender cómo funcionan. En la medida en que los observemos y aprendamos de ellos, vamos a poder ofrecer una serie de conductas distintas. Su análisis debe ser detallado, tenemos que realizar el arduo trabajo de volver sobre estos episodios, que nos pueden parecer desagradables, y observar qué ocurrió antes de que llegáramos a esa sobreingesta o atracón.

Si observamos con detenimiento los sucesos pasados, nos daremos cuenta de que muchos episodio de comer emocional no suelen ocurrir al principio del día sino por la tarde, en la cena o después de ella. Esto nos da una pista sobre el componente emocional que tiene la comida. Si no lo vemos, podemos preguntarnos cómo nos sentimos a primera hora del día y solemos comprobar que el nivel de ansiedad es mucho menor que al final del día, después del trabajo o de los quehaceres cotidianos. Cuando llegamos a casa y nos relajamos, tenemos un tiempo para estar con nosotros mismos y, si estamos solos, sin nadie que nos pueda criticar o controlar qué y cómo comemos, los episodios de comer emocional son más frecuentes.

Es por ello que esos episodios no ocurren de forma independiente, si no que están relacionados con multitud de variables y problemas que se han producido durante el día, generando emociones intensas o un simple aburrimiento, que tratamos de romper con sensaciones más placenteras. Quizá nos sintamos tristes y tratemos de estar mejor, quizá existe impotencia que nos lleva a la ira. A veces, simplemente, hemos pensado en una comida tentadora, tras pasar por delante de una pastelería, o ha venido a la mente nuestro alimento favorito.

Podemos incluso asociar estos estímulos con conectores que puedan ser actividades, pensamientos, emociones que se producen en el día a día, y no solo tiene que ser un único desencadenante, sino varios, aunque uno solo ya es suficiente para activar estos procesos.

EJERCICIO: ROMPER LA CADENA DEL COMER EMOCIONAL

Por regla general, estos procesos automáticos son complejos y se pueden observar como estímulos que, a lo largo del día, nos atrapan y hacen que comamos con menor atención. Al realizar este análisis, podemos dibujarlo en un folio en blanco como si de una cadena se tratase y cada evento fuera un eslabón.

Así pues, puedo observar un ejemplo claro en que una persona ha tenido una comida ligera, luego, una tarde dura en el trabajo y llega a casa muy cansada y decide relajarse. En ese momento tiene un pensamiento del tipo «como he tenido una

Figura 1. La cadena del comer emocional

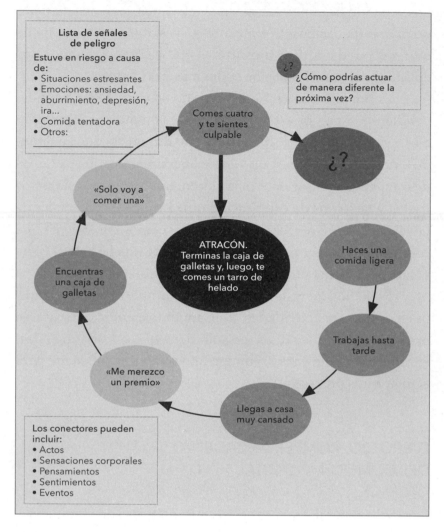

tarde dura en el trabajo, me merezco un premio, cómo no me lo voy a merecer».

En su paso por la despensa y la nevera, descubre una caja de galletas. Tiene un pensamiento del tipo «solo me voy a comer una». Ese pensamiento en forma de control nos hace sentir una falsa *seguridad.* Pero lo cierto es que acaba comiendo cuatro galletas y, como se siente culpable, se come toda la caja galletas y después lo remata con un helado. Si observamos con detenimiento este caso, podemos ver cómo una persona que ha tenido una serie de dificultades (una discusión o una tarde dura que le ha supuesto una carga emocional muy intensa) genera, tras ello, un intento real de sentirse bien, de poder manejar esa emoción y esa situación de una forma placentera. Esa es la base del comer emocional.

Tras los deseos de sentirse mejor, de darse un premio, hay determinados desencadenantes, en este caso una caja de galletas, una comida que sea emocionalmente significativa. Cuando comemos en esas situaciones tenemos que ser conscientes de lo que nos supone, de cómo nos hace sentir mejor, por lo menos durante unos segundos o minutos. Esta comida es un arma de doble filo, porque, después de hacernos sentir bien un momento, sobrevienen emociones negativas que nos hacen sentir incluso peor que inicialmente. Si analizamos este ejemplo, aprendemos de él y tratamos de romper esta cadena por uno de los puntos donde sea más fácil. Cuanto antes paremos estos procesos, mejor control tendremos sobre ellos.

Así pues, tras un día duro en el trabajo, merezco relajarme, cuidar de mí, incluso puede ser cierto que me he ganado un premio. Pero, ¿qué tipo de premio? Podemos romper la cadena dándonos uno distinto a la comida. Quizá encontremos otras conductas más equilibradas. Observemos estos pensamientos y emociones, y tratemos de mediar entre el evento y la reacción, utilizando mindfulness para lograr un distanciamiento y generar así una elección consciente en lugar de una reacción automática.

Ser conscientes es simple, pero no siempre es fácil. Involucra actividades sencillas como sentarse y observar emociones o pensamientos, intentando «surfear» esos fenómenos cognitivos. Las emociones son como olas que cada vez se hacen más grandes; algunas pueden ser inmensas y, tras crecer, vuelven a bajar.

Intentemos, en lugar de sentirnos ahogados, aprender a surfear la ola. Incluso después de un atracón, se puede interrumpir ese proceso. Una vez hayamos acabado con las galletas y el helado, debemos generar una conducta distinta. Hay que dejar de sentirse mal por lo que ha ocurrido, que ya es pasado. Sobrevendrán emociones intensas de autocrítica, pero, para ello, hemos estado trabajando con la compasión, para manejar esa voz interna. Sustituimos esa voz crítica por una más compasiva, desarrollando el deseo de cuidarnos y querernos ahora que lo estamos pasando mal. Así conseguimos no añadir un mayor sufrimiento secundario, más del que ya tenemos y que nos hemos ocasionado.

Nos hemos dado cuenta de cómo esa autocrítica no tiene por qué llevarnos a un mayor control o un mejor manejo de la conducta. A menudo es contraproducente. Nos hace sentir mal después de estos episodios de «descontrol», facilitando que volvamos a realizarlos una y otra vez, hasta convertirse en un bucle infinito de emoción y reacción.

Incluso después de estos procesos de atracón, podemos darles fin, aprender sobre ellos, recuperar el control sabiendo cómo ocurren y que, aunque ocurran, también podemos aprender, con esa curiosidad sobre nosotros mismos que nos hace ser más sabios y saber más acerca de nuestra mente y nuestro cuerpo.

Dejamos tiempo para que cada persona realice el ejercicio de una manera individual y, si alguno tiene dudas, las resolvemos y facilitamos la elaboración de la cadena. A las personas que tienen varios episodios para retratar en el análisis, les sugerimos que escojan aquellos que son más frecuentes.

Si alguien tiene un episodio que quiera compartir, se puede poner en común. A menudo es útil, ya que poner en común los obstáculos es una manera de aprender a manejarnos. Además, el resto de compañeros puede aportar ideas sobre cómo romper la cadena y qué acciones llevar a cabo. Hay personas que, por ejemplo, hacen deporte, pintan, ven la televisión, leen un libro, cosen o, simplemente, meditan. Cada uno tiene que buscar esas alternativas y ofrecerse un cambio.

PRÁCTICA DEL BANQUETE

En esta séptima sesión tenemos una práctica muy especial, la llamada práctica del banquete. Para realizarla, hemos pedido a los participantes que trajeran un alimento que emocionalmente les cause ese comer emocional con una mayor facilidad. Y también un alimento más saludable. Ambos alimentos en cantidad de 3 o 4 porciones, de manera que se puedan compartir con los otros miembros del grupo. De esta manera nos quedan muchos platos en el centro de la mesa que vamos a compartir. Para ello dispondremos de un plato vacío a mano, donde vamos a ir colocando los alimentos.

Para muchas personas, la práctica supone un verdadero descubrimiento, la auténtica diferenciación entre lo que es observarse a uno mismo ante un comer emocional y un comer más consciente y equilibrado. Al desacoplar la emoción, realmente se observan las necesidades y las sensaciones que pertenecen al cuerpo sin ser tan reactivo. Otras personas experimentan cómo la comida no tiene el control sobre su conducta y la pueden observar sin ser reactivos, sabiendo el nivel de hambre y actuando coherentemente con las sensaciones físicas que se tienen en cada momento.

También se puede experimentar un cierto desasosiego al dejar comida en el plato. Observemos esas emociones y aprendamos de ellas; quizá hay culpabilidad que hace que, en otras ocasiones, sigamos comiendo.

Es común que se experimente la diferencia en el grado de satisfacción, tanto en el sabor como en la saciedad. Esto habitualmente nos lleva a una menor ingesta de comida. En definitiva, esta práctica nos permite, en una ambiente controlado, ser conscientes de todos estos procesos automáticos que desencadenan el comer emocional y aprender a cómo dar otra respuesta distinta a la habitual.

El entrenamiento nos lleva a que, en el día a día, el ambiente controlado se convierta en nuestro patrón de ingesta habitual, mucho más saludable. Aprender, en definitiva, a comer de forma más consciente.

TAREAS PARA CASA Y PRÁCTICA FINAL

Como tarea para casa vamos a observar esta semana qué reglas seguimos, habitualmente, a la hora de comer: si seguimos algún tipo de ritual, como sitios en la mesa, forma de colocar los cubiertos, alimentos que cocinemos según el día o la estación del año... También si hay reglas no escritas para los comensales como: no levantarse de la mesa hasta que se haya terminado, comer todo lo que hay en el plato, elegir quién pone y recoge la mesa. Consiste en analizar aquello que hacemos habitualmente, pero poniendo especial énfasis en la observación de todo lo que rodea al acto de comer en un día cotidiano.

Acabamos despidiéndonos con una pequeña práctica que nos permite dejar pasar las emociones y pensamientos relacionados con la actividad que acabamos de realizar y nos ayude a comprometernos a llevar el nivel de atención fuera de la práctica, fuera de la sesión, hasta lo que podamos cada día de la semana.

PRÁCTICA

EL BANQUETE

Vamos a romper la dinámica de las sesiones realizadas hasta el momento y sentarnos alrededor de una mesa. Una mesa donde colocamos todos los alimentos que se hayan traído. Los colocamos en platos de forma visible y empezamos la práctica con tres reglas muy sencillas: 1) observar toda la comida que hay en la mesa y poner la atención en los distintos colores, formas y olores de cada plato; 2) una vez que hayamos escogido los alimentos que vamos a poner en nuestro plato, volvemos atrás unos segundos para no realizar la conducta de una manera automática y ser conscientes de cómo hemos tomado esa elección; 3) siempre hay que dejar algo de comida en el plato.

Al final nos podremos fijar si, para el grupo, ha supuesto un momento de alegría compartir esta cantidad de comida, pero, por ahora, vamos a guardar silencio durante toda la práctica.

- En este primer paso, al observar la comida, quizá hemos sido conscientes de pensamientos o emociones, quizá un deseo de probar todos los alimentos de la mesa, o pensamientos de me «voy a quedar sin eso que veo». También emociones como ansiedad por querer probar todo lo que hay delante de nosotros. No los juzgamos, simplemente aceptamos lo que surja al observar la mesa.

- Escogemos aquellos alimentos que queramos probar en la cantidad que deseemos. Cuando hayamos terminado, cerramos los ojos un momento. Muchas personas, en este momento dedicado a escoger la comida, no cogen alimentos que desean, quizá por vergüenza o por que queda poco en el plato. Para ellos, damos una segunda oportunidad a los comensales para que cojan los alimentos que desean.

- Una vez escogidos los alimentos, analizamos cómo hemos tomado esa decisión, cómo sabemos que son los que queremos. Poco a poco vamos a adoptar una postura de meditación y vamos a realizar una minimeditación. En ella, vamos a dejar ir pensamientos y emociones anclándonos en la respiración, y llevamos nuestra atención a las sensaciones físicas, observando cómo el cuerpo ha reaccionado ante tal estímulo. Podemos preguntarnos también por nuestro grado de hambre, del 1 al 10, siendo 1, «no tengo nada de hambre» y 10, «estoy muy hambriento». Nos preguntamos cómo lo sabemos y qué parte del cuerpo escuchamos. Nos quedamos unos segundos más en la respiración y, poco a poco, vamos a abrir lo ojos para observar el plato de comida que tenemos delante, empezando a comer de una forma consciente. Reparamos en lo que supone el comer consciente, el sabor, las texturas, los aromas, permitiéndonos disfrutar de este momento de una forma plena.

- Podemos comer y permitirnos dejar algo de comida en el plato. De esa manera no nos forzamos a comer todo o, si algo no nos gusta, podemos dejarlo en el plato. Disfrutamos de cada bocado y, una vez hayamos comido la mitad, cerramos de nuevo los ojos y realizamos una breve meditación en la respiración. Podemos soltar pensamientos y emociones, y anclarnos en la respiración. De nuevo, poco a poco, volvemos a ser conscientes de nuestro nivel de hambre, buscando las sensaciones que permiten contestar a esa pregunta y puntuarla de 1 a 10. Tras una breve meditación, abrimos los ojos y seguimos comiendo de una manera consciente el resto del plato, hasta donde consideremos, observando los cambios en nuestro cuerpo sobre el nivel de hambre, de saciedad al sabor o de deseo de comer. Volvemos al cuerpo observando cómo ha reaccionado, qué y cómo ha cambiado en nosotros tras esta experiencia. Y podemos dar por finalizada la práctica pasando a compartir las experiencias que se hayan tenido.

PRÁCTICA

MINDFUL EATING BREVE

- Adoptamos una postura cómoda sobre la silla o sobre el cojín de meditación dejando que nuestro cuerpo se asiente y poco a poco vamos cerrando los ojos.

- Ahora, dirigimos amablemente la mente hacia el vaivén de la respiración, tomando varias respiraciones profundas y conscientes.
  Dejamos que el flujo de aire llegue hasta el diafragma inferior, sin ningún tipo de tensión o estrés; después, dejamos fluir suavemente el aire hacia fuera.
  Repetimos varias respiraciones completas para tomar consciencia de una mayor sensación de relajación y calma al respirar el aire limpio y fresco, y exhalar los sentimientos de tensión o estrés.

- Ahora dejamos que la respiración poco a poco se asiente en su propio ritmo natural y enfocamos nuestra atención en la sensación de la respiración.
  Sentimos cómo entra a través de la nariz, se abre camino bajando a través de la garganta, hasta el estómago, y viceversa.

- Ahora vamos a imaginar que estamos preparando una comida y lo hacemos de una manera especial. Lo hacemos con atención plena, siendo conscientes de todo cuanto nos rodea. Y mientras preparamos esta comida, cada vez vamos siendo más conscientes y vamos desarrollando una mente más clara.

- Tomamos varias respiraciones profundas y, si sentimos alguna sensación de tensión o de lucha en el cuerpo, permitimos que libremente se diluya y se transforme.
  Si lo deseamos, podemos contar el número de inspiraciones y espiraciones que vamos realizando para centrar la mente.

- ¿Nos sentimos concentrados y con control?

SEMANA 8

REFLEXIÓN, CIERRE Y DESPEDIDA

- Introducción
- Consejos para el comer emocional
  y el comer consciente
- Práctica de la comida en nuestra infancia
- Meditación de la sabiduría
- Cierre y despedida

INTRODUCCIÓN

Y así llegamos a la octava sesión. Comentábamos hace semanas que este programa no era el final de algo, sino que lo concebimos más como un punto de inflexión en la vida de una persona. Un punto y aparte.

A lo largo de estas semanas hemos trabajado las distintas herramientas y habilidades relacionadas con la comida. Hemos integrado experiencias, observando nuestros patrones de ingesta, analizando cómo funcionamos habitualmente en un ambiente relacionado con la comida. Adquirir una serie de habilidades, una nueva manera de manejar pensamientos y emociones, nos va a permitir mantener los cambios a largo plazo.

Por ello es positivo ver el futuro como un horizonte de experiencias de las cuales podemos seguir aprendiendo; como un universo de curiosidad y consciencia, dos elementos clave para aprender. Nos hacen darnos cuenta de que, a lo largo de la vida, todos pasamos por épocas buenas y no tan buenas, y cómo ello puede afectar a nuestra relación con la comida. Es algo de lo que podemos o no ser conscientes, la diferencia es que ahora hemos aprendido más sobre nosotros y tenemos más herramientas para el manejo de estas situaciones.

Así pues, cuando estemos pasando por una época no tan buena, podemos recurrir a todo este aprendizaje y tener un afrontamiento mucho más equilibrado y saludable con la comida y con nosotros mismos. Queremos que esta sesión sea simplemente un punto de inflexión en la infinitud de experiencias que vive una persona a lo largo de su vida, preparándola para las nuevas experiencias que vengan en el futuro, trabajando el momento presente con aceptación y no juicio.

Iniciamos la sesión preguntando si, a lo largo de esta semana, se ha tenido alguna experiencia similar a la que trabajamos la semana anterior, durante la práctica del banquete o de la cadena. Indagamos sobre qué ha supuesto realizar estas dos prácticas. Quizá nos hemos dado cuenta de la utilidad y de los obstáculos que encontramos en el camino al dar una nueva respuesta, al tener una nueva conducta más equilibrada.

Si hemos tenido esa urgencia emocional, analizamos cómo es surfear la emoción, si no nos hemos dejado arrastrar y hemos decidido libremente. Se puede observar cómo esos momentos vienen determinados, y muchas veces desencadenados, por situaciones emocionalmente intensas y significativas.

Lo que este ejercicio pretendía era dar una visión global para reconocer los distintos factores que entran en estos procesos y para que rompamos la cadena, eligiendo conscientemente conductas más saludables y equilibradas, haciendo que el comer emocional sea una decisión y no una reacción.

La práctica del banquete es una exposición deliberada a estos procesos automatizados, a ese estado emocional. Esto sucede porque estamos en presencia de estímulos reales, como es la comida en la mesa, estímulos sobre los que podemos ser conscientes en este ambiente controlado.

Inicialmente, tratamos de observar, a nivel emocional, lo que supone una mesa llena de comida. Y, más tarde, podemos desacoplar toda esa emocionalidad latente, tomando cierta distancia y quedándonos «desnudos» con nuestras necesidades y con nuestras sensaciones físicas.

A lo largo de la sesiones, las personas van desarrollando determinadas habilidades y aprendizajes. En nuestra experiencia, algunos consejos pueden ayudar.

Cuando comamos con emociones intensas, aceptemos que el comer emocional es una elección. No es un fracaso en el afrontamiento, no se juzga la experiencia como buena o mala. Se observa cómo ha sido la elección, si ha sido más o menos consciente. Y, en el caso de que haya sido un episodio de comer emocional sin ningún tipo de control, tratamos de no añadir aún más sufrimiento criticándonos por ello.

Trabajaríamos en este sentido con la aceptación: podríamos observarlo con curiosidad para aprender y para, en el futuro, ser más conscientes y que no nos dejemos llevar por emociones.

A lo largo de las semanas hemos visto la importancia de, una vez que nos hayamos sentado a comer, tratar de activar antes el sistema parasimpático a través de una pequeña meditación. En el proceso de episodios emocionales intensos la activación es muy alta, la mente genera muchos pensamientos. Una de las maneras que tenemos de romper este bucle es yendo al cuerpo, a la respiración, tratando de estar más en el momento presente y no quedar atrapados por pensamientos y emociones o estar intentado rechazarlos continuamente.

Otro consejo que podemos dar es que, cuando experimentemos episodios de comer emocional, siempre será preferible tratar de hacerlo en compañía. A menudo, estos momentos llevan asociados una pérdida de control e incluso sabemos cómo, a veces, los planificamos con antelación, conociendo en qué momento del día nos vamos a quedar solos o no va a haber nadie vigilándonos.

Si los tenemos estando solos, es recomendable seguir un ritual fijo que tenga un principio y un final definido para, de esa manera, no dejarnos llevar por la emoción del momento. Además, hay que recordar que el comer emocional, incluso en el caso de que haya ocurrido el episodio, no tiene por qué ser una «sobreingesta emocional». Es decir, una vez hayamos tenido esa sobreingesta no tenemos por qué añadir aún más sufrimiento.

Podemos observar si surgen emociones del tipo culpa o vergüenza y, en última instancia, romper esos bucles catastrofistas. Se aprende mucho más si se observa cómo han ocurrido todos estos procesos y, si no los alimentamos con estas emociones negativas, tendremos menos probabilidades de desencadenar estos episodios de comer emocional en el futuro.

CONSEJOS PARA EL COMER EMOCIONAL Y EL COMER CONSCIENTE

Frente al comer emocional, existe un comer consciente. Cada uno ha ido desarrollando habilidades que permiten tener una relación con la comida saludable y equilibrada. Inicialmente, es clave ir más despacio. Ralentizar supone ser más consciente de todo cuanto hay en el momento presente.

Es importante saber sentarnos delante de nuestro plato favorito de comida y poder escuchar el cuerpo, la necesidad que tiene de ese alimento, decidir de una manera más consciente si nos hace falta y, en caso afirmativo, en qué cantidad.

Muchas personas no se han preguntado nunca cómo cambia el cuerpo a lo largo de una comida, su nivel de hambre, de saciedad al sabor o de plenitud.

Ralentizar nos ayuda a elegir una cantidad de comida más adecuada. Muchas veces «comemos con los ojos» más que con las sensaciones. Un consejo para ese comer más consciente sería permitirnos disfrutar de cada bocado. Sentir cada bocado como una experiencia placentera lleva a ralentizar la manera en que comemos, la manera en que nos relacionamos con la comida y su cantidad.

Siguiendo estos principios, podemos sustituir de una manera consciente esa voz que nos lleva a comer determinados alimentos u otros, en unas cantidades u otras, por sensaciones y necesidades fisiológicas que nos van a llevar a encontrar un equilibrio en la ecuación energética de los alimentos, es decir, qué tipo de alimentos voy a comer en un momento dado.

Un consejo más es que seamos curiosos, que tengamos hambre de conocimiento de nosotros mismos y de todo cuanto acontece en el momento de comer. Eso nos permite integrar todas las experiencias que podamos para desarrollar esa sabiduría interna que nos va a llevar, de una manera natural, a un comer mucho más consciente.

PRÁCTICA DE LA COMIDA EN NUESTRA INFANCIA

Vamos a realizar una práctica que requiere un ejercicio de visualización y memoria.

> **PRÁCTICA**
>
> ### LA COMIDA EN NUESTRA INFANCIA
>
> - Vamos a cerrar los ojos y adoptar una postura de meditación, y vamos a tratar de recordar cómo era comer de niños, cuando teníamos entre 8 y 11 años.
>
> - Damos dos o tres respiraciones profundas y dejamos pasar pensamientos y emociones. Vamos a iniciar la práctica tratando de recordar el lugar donde comíamos, con quién lo hacíamos, cuáles eran nuestras comidas favoritas, cuáles las que nos gustaban menos.
>
> - Tratemos de buscar si había algún determinado ritual del tipo: quién servía la comida, quién ponía la mesa y la quitaba, si había un orden para servirla... Tratamos de recordar si había algunas normas básicas durante la comida como: no comer

hasta que todas las personas estuvieran sentadas, no dejar nada de comida en el plato, no hablar con la boca llena, mantener las manos en la mesa, si se hablaba durante la comida, de qué temas...

Tratamos de buscar ese sentido que tenía en nuestra vida este momento. Si quizá la comida se utilizaba como algún tipo de recompensa o castigo, por cosas buenas o malas que habíamos hecho.

• Poco a poco, esa imagen de nosotros mismos en nuestra infancia va desapareciendo y llevamos nuestra atención a lo que hoy en día supone comer en una jornada normal. Con detalle visualizamos dónde lo hacemos, con quién comemos, tratamos de buscar rituales que, a día de hoy, tengamos integrados. Quizá podamos observar algún tipo de normas de comportamiento o educación o el lugar que siempre ocupamos en la mesa. Tratamos de observar rituales que hagamos siempre o casi siempre, y nos preguntamos si utilizamos de alguna manera la comida como una recompensa o un castigo. Tras ello, nos preguntamos si hay diferencias o similitudes entre lo que suponía comer con entre 8 y 11 años, y lo que supone en la actualidad; si, en nuestro caso hay niños pequeños, se mantienen esa serie de comportamientos en generaciones futuras. Mantenemos esto como un objeto de reflexión y aprendizaje. Tanto de las normas de las que somos conscientes y sentimos que es importante mantener, como de aquellas que simplemente hemos trasladado a generaciones futuras sin ser del todo conscientes.

Comentábamos que, a lo largo de estas semanas, hemos ido desarrollando ciertas habilidades que podemos incorporar a nuestro día a día. Una muy importante es saber dar distintas respuestas alejadas a la necesidad de comer siempre. Una buena pregunta para compartir con el grupo es qué tipo de actividades realizamos cuando nos sentimos mal y tratamos de estar mejor. Hacemos un listado con las distintas formas de cómo nos cuidamos, de cómo nos damos compasión a nosotros mismos. Tras haberlas enumerado quizá obtengamos una serie de actividades alternativas como: salir a caminar, darnos un baño, meditar, un masaje o hacer deporte, etc.

Si nos damos cuenta, muchas de estas actividades constituyen llevar nuestra atención al momento presente, al aquí y ahora. Es bueno, en este sentido, que las personas tengas sus propios recursos y los pongan en práctica. Una vez estas prácticas se han integrado, sustituirán a la comida como única vía de escape para el manejo de las emociones y de los pensamientos.

Es muy posible que, a estas alturas, un cambio haya surgido en nosotros o algo se esté fraguando en nuestro interior. Algo que podemos llamar sabiduría interna. Podemos realizar una de las últimas prácticas del programa: la meditación de la sabiduría.

En esta práctica se trata de buscar aquellos aspectos que han cambiado en nosotros; una mirada al pasado, al presente y al futuro, dando la posibilidad de reflexión y cambio si fuera necesario.

MEDITACIÓN DE LA SABIDURÍA

Esta meditación supone un reconocimiento de lo aprendido y experimentado a lo largo del programa, un momento de conexión con lo que ha cambiado en nuestro interior.

PRÁCTICA

MEDITACIÓN DE LA SABIDURÍA

- Adoptamos la postura de meditación, una postura erguida y digna, permitiendo que nuestro cuerpo se calme. Concentrándonos en nuestra respiración, dejamos que el flujo de aire llegue hasta el final, sin ningún tipo de tensión o contracción, exhalando suavemente. Somos conscientes de nuestra respiración y la sentimos.

  A medida que inhalamos, sonreímos. Al exhalar, tratamos de estar en paz. Encontramos un lugar que nos permita disfrutar de una sensación de autoconsciencia total, incluyendo todas las partes de lo que somos: nuestro cuerpo físico, nuestros pensamientos, nuestras emociones, nuestros juicios, nuestros miedos, nuestros deseos... Con una consciencia relajada, conociendo las cosas que no nos gustan y las que nos gustan.

- Dejamos que esta toma de consciencia más profunda expanda el movimiento y encontramos el lugar que existe bajo la superficie de las preocupaciones, inquietudes, experiencias. Nos permitimos estar en ese lugar de confianza. Nos permitimos confiar en lo que somos, en lo que hemos sido, experimentado y aprendido. Observamos el descanso en este espacio.

- Ahora, iniciamos este sentido de sabiduría interior para expandirlo, desde el centro de nosotros. Para conectar con el espacio de la sala, para incluir a otros en el espacio, para expandirnos aquí, infinitamente, abiertos a la sabiduría que hay en el mundo, en el espacio alrededor del mundo y el espacio que se encuentra en el universo.

- A medida que inhalamos, nos decimos a nosotros mismos «sé que estoy vivo». Espiro y «siento la alegría de estar conectado». Inspiro y «sé que estoy vivo». Ahora que estamos aprendiendo una nueva forma de consolarnos a nosotros mismos, nos convertimos en calma, para sentirnos seguros y tranquilos. Estamos aprendiendo a prestar atención a los pensamientos, sentimientos, alegría, tristeza... Todo ello sin juicio o dolor, simplemente observando consciente y con suavidad para luego dejarlo ir. Estamos conectando con la sabiduría más profunda, con la sabiduría superior.

- Hemos hecho un acto de compromiso con nosotros mismos, de bondad, de coraje. Estamos aprendiendo una manera diferente de aliviar el dolor, para encontrar la paz y el equilibrio. Ahora nos centramos en nuestra atención, en nuestra respiración. Inspirando, somos conscientes de la sensación de calma. Espirando, nos sonreímos a nosotros mismos. Así una y otra vez.

- Y ahora, al tomar consciencia de nuestro cuerpo en este lugar comenzamos visualizando el espacio a nuestro alrededor y, cuando permanezcamos totalmente conscientes y alerta, podemos abrir los ojos si estamos listos.

CIERRE Y DESPEDIDA

El cierre de un grupo en mindfulness es siempre un momento muy especial.

Iniciábamos este grupo preguntando sobre qué supondría llegar a este punto y quizá no haber perdido peso, pero sí tener una mejor relación con la comida. En nuestra experiencia, no ha habido nunca una persona que le importase no haber perdido peso. Es notable que cuando hay un mejor manejo de los impulsos, tener una mejor relación con la comida es la mayor de las satisfacciones.

Solemos realizar un último gesto en los últimos momentos de la sesión. Invitamos a que cada miembro del grupo redacte una carta sobre cuál era su relación con la comida antes de realizar el programa, qué aspectos deseaba cambiar y cuáles eran sus expectativas. También de todo el aprendizaje que han llevado a cabo y las cosas que han querido cambiar. Invitamos también a que escriban a su yo del futuro; dándole consejos y ánimos para continuar aprendiendo y cuidándose de una forma compasiva y saludable. Les pedimos que pongan su dirección en el sobre que nosotros mismos enviaremos pasados seis meses para que recuerden lo que aprendieron y darse ánimos en caso de lo que necesiten.

Es bueno cerrar al programa dando tiempo para que las personas expresen lo que han supuesto para ellas estas semanas y dejando también un espacio para que se compartan dudas o problemas relacionados con mindful eating y la adaptación para cuando ya no haya sesiones semanales.

Para seguir con la práctica, es recomendable que los participantes tengan un grupo de mantenimiento que facilite la práctica continuada, así como hacer futuras sesiones de recordatorio de todos los aspectos trabajados durante el programa.

CAPÍTULO 10
PRINCIPALES RESISTENCIAS
Y DIFICULTADES EN LA PRÁCTICA
DE MINDFUL EATING

Aunque mindful eating es una técnica muy reciente, hemos podido observar en los estudios descritos anteriormente buenos resultados en diferentes tipos de población. Aún así, existen resistencias y dificultades a la hora de practicar la atención plena en la alimentación.

PERSONAS CON BAJA MOTIVACIÓN
E HIPERCRÍTICAS

Por un lado, existen resistencias, igual que surgen con la práctica de mindfulness, de personas con baja motivación, hipercríticas o con actitud de oposición. Esta actitud interfiere en el entrenamiento de la consciencia plena, puesto que existe una barrera de exigencia y rapidez de resultados ante la técnica que es difícil de contentar. Mindful eating es un entrenamiento progresivo, que requiere tiempo y práctica para poder obtener los beneficios esperados.

Aquí podemos incluir también las expectativas, que suponen otra barrera a la hora de mantener la práctica de mindfulness. Tener expectativas de pérdida de peso, por ejemplo, puede llevar a los sujetos a la frustración, puesto que mindful eating tiene como objetivo fomentar y modificar la relación que tenemos con nuestro cuerpo y con los alimentos, y no la pérdida de peso como tal. Por lo tanto, si comenzamos a practicar con ese objetivo, es probable que nuestra práctica se vea afectada por esa expectativa y nos resulte complicado mantenerla a largo plazo. Cómo sucede habitualmente en mindfulness, aunque exista un expectativa inicial, lo mejor es dejarse llevar por la experiencia e intentar que esas expectativas se vayan difuminando.

APRENDIZAJES Y HÁBITOS ADQUIRIDOS

Por condicionamiento

Los hábitos aprendidos desde pequeños también son una de las principales resistencias y dificultades a la hora de practicar, debido a que están muy interiorizados. Con estos hábitos nos referimos a los condicionamientos aprendidos a lo largo de la vida, puesto que «la comida en sí misma no es intrínsecamente buena ni mala. Aprendemos lo de «comida buena» o «comida mala» a través de la experiencia. El condicionamiento se ve afectado no solo por la sociedad y el contexto en el que vivimos, sino también por la cultura, la publicidad, los amigos, el contenido de series de televisión, libros, películas o periódicos y, principalmente, por los propios condicionamientos y comportamientos de nuestros padres ante la comida. Por ejemplo, si nuestros padres no comen un determinado alimento, bien porque no les gusta o porque son alérgicos, ese alimento no estará en nuestro registro diario y, probablemente, no lo tomaremos en la edad adulta (a no ser que se haya podido introducir en otra ocasión, como en casa de amigos, etc.), con lo que la relación con el mismo será mínima, incluso de rechazo. Lo mismo sucederá si, cuando comemos un determinado alimento, nuestros padres (o cuidadores) nos gritan o nos lo quitan. Es posible que nunca más queramos probar ese alimento porque las consecuencias derivadas eran aversivas y tenderemos a rechazado. Esta situación se puede dar de forma opuesta: si, mientras comíamos un alimento, la respuesta que obteníamos era de alegría, sonrisas y frases reforzantes, repetiremos la conducta de comer ese alimento, porque la

respuesta ante esa acción se reforzó positivamente y las consecuencias derivadas eran agradables.

Esto también sucede con los hábitos que adquirimos. Por ejemplo, imaginemos un niño que sale de clase a las tres de la tarde y tiene clase de inglés extraescolar a las cuatro. El niño llega a casa y, cuando comienza a comer, le dicen: «¡vamos date prisa, que no llegamos a tiempo a clase! y ¡cómetelo todo!». Tras esta orden, el niño comienza a ingerir de forma más rápida, ignorando las señales de su cuerpo. Este comportamiento, si se repite, suele generar el aprendizaje de que comer rápido proporciona más tiempo para realizar otras actividades (como desplazarse), y así se comienza a adquirir un hábito de ingesta rápida, aprendiendo a ignorar las señales corporales (entre ellas las señales de hambre y saciedad), lo que puede producir dificultades futuras.

Los padres también suelen utilizar la comida como recompensa cuando los niños muestran un comportamiento deseable, con el objetivo de que el niño repita la conducta; o como elemento de evitación, con el objetivo de que niño deje de realizar determinada conducta (por ejemplo, proporcionar chucherías para cortar una rabieta). Utilizar los alimentos para gestionar comportamientos disruptivos de los niños llevar a confusión sobre qué se puede ingerir y qué no. Sobre todo, con alimentos no saludables, como los dulces o los *snacks*, la práctica tiende a aumentar las preferencias de los niños en un futuro por los alimentos considerados «no saludables», que puede derivar en una relación inadecuada con los alimentos y facilitar el uso de la comida como regulador emocional.

Del mismo modo, cuando se usa cualquier actividad placentera para el niño, como una consola, un juguete o más tiempo de juego, como recompensa por comer algo (por ejemplo, verdura), se puede disminuir la motivación y el deseo de realizar la actividad, porque el niño tiende a devaluar la actividad instrumental realizada para recibir la recompensa y verá el acto de comer como un medio para llegar a un fin. Interpretará que comer alimentos saludables es la única manera para, por ejemplo, jugar con su consola, identificándolo con una obligación que, posteriormente, generará asociaciones mentales, sentimientos y cogniciones inadecuadas acerca de la comida. De hecho, los estudios que examinan la presión de los padres para ingerir determinados alimentos han mostrado que esta presión va aparejada de un mayor consumo de alimentos «no saludables» y asociaciones aversivas no intencionadas.

También puede existir una asociación de la ingesta con las emociones si crecemos en un ambiente estresante. Por ejemplo, las discusiones continuas a la hora de las comidas producirán que el niño relacione esos momentos con tensión y malestar, con lo que estas emociones quedan registradas como un hábito negativo que puede llevar, en un futuro, a problemas alimentarios (como ingestas en exceso para aliviar la tensión emocional que aparece cada vez que se relaciona con los alimentos, atracones, etc.). En otras palabras, estas situaciones pueden llevar a una mala gestión emocional y al desarrollo de un estilo de ingesta emocional, a comer en respuesta a emociones intensas que son difíciles de manejar. En las investigaciones, el comer emocional se ha conceptualizado como una estrategia de evitación para enfrentarse a emociones y situaciones negativas. Concretamente, el comer emocional refleja esta tendencia de evitación para alejarse de las emociones negativas y aproximarse a emociones positivas, que sería en este caso el comer, ya que se considera una experiencia positiva.

Aunque cambiar los hábitos y condicionamientos establecidos es una de las mayores dificultades que se presentan a la hora de practicar mindful eating, la buena noticia es que se puede trabajar. En primer lugar, es necesario conocer cuáles son estos hábitos y qué conductas y comportamientos presentamos, diariamente a la hora de alimentarnos. A través de la auto-observación podemos ir definiendo estas actitudes. La auto-observación se ve fomentada con la práctica de mindfulness. Una vez nos hacemos conscientes de ellas, podemos cambiarlas con constancia, práctica y esfuerzo en el caso de que supongan una dificultad o un problema. De no ser así, su cambio no es necesario. El objetivo no es cambiarlas, lo importante es conocerlas, solo se procederá al cambio en el caso de el individuo lo desee.

APRENDIZAJES POR MODELADO

No solo aprendemos con condicionamientos, sino también a través del modelado, definido como el aprendizaje que registramos mediante la observación e imitación. Este aprendizaje se debe a la influencia que las conductas de otras personas ejerce sobre nuestras propias creencias sobre qué y cuánto comer. Específicamente, el modelado se da tanto a través de la comunicación verbal como a través de la comunicación no verbal, como cuando se hace evidente delante de los hijos que se disfruta con ciertos alimentos, lo que lleva al niño a repetir la conducta, comiendo esos mismos alimentos para también obtener ese disfrute aprendido. Tales demostraciones explícitas de comportamientos alimenticios se usan como una estrategia de crianza de los hijos para promover actitudes hacia determinados alimentos. Por ejemplo, cuando alimentamos con purés a un niño y este no quiere abrir la boca, el cuidador suele ingerir el puré, exagerando la apertura de la boca y realizando sonidos («umm...») que reflejan lo bueno que está ese puré, con el objetivo de que el niño repita la misma conducta.

Todas estas conductas y aprendizajes nos han configurado tal y como somos hoy, en ocasiones provocando gran distancia con nuestro cuerpo, lo que supone una dificultad añadida a la hora de practicar. Aunque existen diferentes «niveles base» de consciencia corporal, es cierto que, generalmente, nos resulta complicado detectar las señales que nos manda el cuerpo. Es frecuente que, al inicio de las prácticas, cuando comenzamos a escucharlo, no notemos ninguna sensación física, aunque eso no significa que no estén ahí, sino que llevamos tanto tiempo ignorándolas que desconocemos la forma en que se manifiestan y es difícil experimentarlas. Con la práctica, esta dificultad va disminuyendo y, a medida que avanzamos, vamos conociendo mejor esas señales.

LOS ALIMENTOS SABROSOS

Otra de las dificultades y resistencias que se presentan son los propios alimentos en sí. Ya hemos visto que su ingesta depende en gran medida de los aprendizajes por condicionamiento y modelado, pero los propios alimentos, sobre todo los que presentan sabores dulces y grasos, producen un efecto positivo en sí mismos. Es decir, proporcionan sabores agradables que actúan de refuerzo positivo.

Existe evidencia de que la comida agradable tiene propiedades que promueven la dependencia. Esto se debe a que este tipo de alimentos pueden activar el sistema cerebral de recompensa,[1] fomentando comportamientos que refuerzan la adquisición de esos alimentos y su ingesta. Si se estimulan de forma repetida las vías del circuito de recompensa a través de alimentos sabrosos, puede haber cambios neurobiológicos adaptativos que lleven eventualmente a comer en exceso. Mindfulness nos ayuda a hacernos más conscientes de cómo los alimentos actúan en nuestro cuerpo y nos va a enseñar a escuchar las necesidades fisiológicas del mismo de forma consciente.

LA IMPULSIVIDAD

La impulsividad también puede resultar una dificultad importante, sobre todo al inicio de la práctica de mindful eating. Aunque ya hemos dado unas pinceladas en el párrafo anterior, la propia impulsividad puede llevar, en ocasiones, a la pérdida de control ante la comida, produciendo ingestas más elevadas.

El problema principal que aparece cuando comemos estos alimentos en exceso es el sentimiento de culpabilidad que se genera después del «atracón subjetivo». Con el programa de mindfulness aprenderemos, en primer lugar, a conocer nuestros deseos impulsivos de ingerir estos alimentos, de forma que tomemos la decisión consciente de comerlos o no. En segundo

---

[1] El sistema de recompensa del cerebro se activa frente a estímulos externos y envía señales mediante conexiones neuronales para que se liberen los neurotransmisores responsables de sensaciones placenteras, como la dopamina y la oxitocina, con el objetivo de repetir uno o más comportamientos.

lugar, en el caso de ingerirlos y que aparezca la emoción, a distanciarnos de ella y reconocerla, para elaborarla de forma adecuada y regularla. Aunque en los inicios de las prácticas puede resultar difícil, a medida que se practica se van reduciendo las conductas impulsivas.

TRASTORNOS DE CONDUCTA ALIMENTARIA

Personas que hayan padecido o padecen problemas alimentarios (como bulimia, anorexia nerviosa o trastorno por atracón) tienen una mayor resistencia a mindful eating. Ello no significa que no puedan practicarlo, sino que presentan mayores reticencias y dificultades a la hora de la práctica. Por supuesto, las características de estos trastornos exigen un tratamiento diferente, específico y multidisciplinar. Pero a medida que el tratamiento avanza y que se han mejorado los síntomas y estabilizado la problemática, introducir mindfulness puede proporcionar beneficios. De hecho, el programa creado por Jean Kristeller (MB-EAT) que hemos visto en capítulos anteriores (*véase* capítulo 7), está orientado a personas con trastorno por atracón, por los beneficios que se obtienen, sobre todo en lo que respecta a la reducción de la impulsividad ante los alimentos. Sin embargo, son necesarios más trabajos de investigación a la hora de aplicar mindful eating para normalizar la relación existente entre los aspectos compulsivos y restrictivos que caracterizan los trastornos de anorexia y bulimia nerviosa.

EL CONTEXTO OCCIDENTAL

El propio contexto donde nos encontramos favorece ciertos hábitos que pueden ser inadecuados: por ejemplo, comer rápido en el poco tiempo que disponemos para alimentarnos, debido a la gran cantidad de actividades que tenemos. El estrés mantenido hace que nuestra mente esté continuamente rumiando y tengamos dificultades para atender las sensaciones corporales relacionadas con la ingesta (saciedad, hambre, necesidad de alguna sustancia, sed...). A ello se le suman las reducidas ocasiones que tenemos de comer solos. La hora de las comidas suele ser un momento de encuentro, donde aprovechamos para ver y estar con nuestros seres queridos, hijos, pareja, padres... Por lo tanto, aparecen muchos distractores que hacen que cambiemos nuestro foco de atención continuamente y no atendamos a los alimentos que se nos presentan.

Cuando se comienza a practicar mindfulness en la alimentación, una de las dificultades que las personas experimentan es precisamente el manejo de estos momentos, puesto que muchos de ellos no han visto a sus familiares en todo el día y es el momento que aprovechan para hablar, contarse lo que han hecho durante el día, etc., y resulta complicado introducir las meditaciones. La recomendación es que, aunque en un inicio es más fácil introducirlas en soledad, poco a poco se pueden ir introduciendo pequeños momentos en familia donde nos hagamos conscientes tanto de las señales de nuestro cuerpo como de los alimentos y del contexto que nos rodea. A medida que la práctica avanza, se va haciendo más automática la integración ambiental con consciencia plena. Estar practicando mindfulness durante las comidas no significa que dejemos de escuchar a la persona que tenemos delante. Todo lo contrario, se fomenta la escucha activa mientras secundariamente, el foco atencional registra las señales de nuestro cuerpo.

Otra dificultad son aquellas ocasiones que nos obligan a comer fuera de casa, donde disminuye el control sobre qué comer y qué cantidad servirnos, a la vez que aumenta la presencia de estimulación ambiental. Estas situaciones son también difíciles de manejar en los inicios de la práctica, pero, a medida que nuestra consciencia corporal y alimentaria aumenta, seremos más capaces de detectar las señales que nos informan sobre si queremos consumir mayor cantidad (un segundo plato) o no, e incluso elegir aquellos alimentos de la carta que sean adecuados en ese momento, ya sea por deseo mental o por necesidad corporal.

Aunque estos problemas son frecuentes al comienzo, se van solventando por sí mismos a medida que la práctica avanza. Si nos hacemos conscientes de nuestro día a día, observaremos que incluso cuando los momentos de soledad aparecen, no somos capaces de comer con atención plena, sino que buscamos otros estímulos que nos alejen de la «soledad» del momento, estímulos tales como la televisión, escribir correos mientras comemos, planificar alguna actividad de la tarde... Esto nos indica que existe un alejamiento de nuestro cuerpo. Lo importante es hacernos conscientes de que esto sucede y comenzar a escucharnos, a observarnos, a sentirnos y, finalmente, a cambiar nuestra relación con los alimentos.

CAPÍTULO 11
CÓMO MANEJAR LAS DIFICULTADES EN MINDFUL EATING: LA TÉCNICA DE INDAGACIÓN *(ENQUIRY)*. RECOMENDACIONES GENERALES PARA INSTRUCTORES DE MINDFUL EATING

INTRODUCCIÓN

Durante las prácticas de mindful eating se van a producir experiencias y situaciones que nos van a hacer reflexionar y que vamos a querer comentar con otras personas y con los instructores. La técnica de indagación (o *enquiry*) es la que se recomienda para manejar las experiencias en mindfulness. Es una habilidad que deben conocer los instructores de mindfulness para utilizarla con sus clientes y pacientes, pero también es una técnica que los practicantes de mindfulness pueden emplear consigo mismos para trabajar con sus experiencias. En este capítulo describimos las bases de la indagación y resumiremos algunas recomendaciones sobre las características que debe mostrar un instructor de mindful eating.

FILOSOFÍA BÁSICA DE LA INDAGACIÓN

Esta técnica pretende que el instructor incremente su habilidad para la escucha atenta y que deje espacio para que hablen los participantes, de forma que ellos descubran por sí mismos lo que la práctica les enseña. La función del instructor es facilitar a los participantes la aproximación con la propia experiencia y ayudar al individuo a que llegue a un descubrimiento guiado, pero nunca dar respuestas o soluciones que lo expliquen todo. Lo importante es estar presente, escuchar al otro y ser cálido. La clave no son las preguntas que hace el instructor sino la escucha y la facilitación para que el otro descubra.

Qué no es la indagación

- La indagación no es una discusión entre dos personas (o de uno consigo mismo).
- No es una interpretación. No se pretende explicar cuáles son las causas de las experiencias, ni darles un sentido. La búsqueda compulsiva de sentido es típico de la mente discursiva (muy desarrollada en los occidentales) y se considera, en general, como una maniobra poco útil en mindfulness.
- No somos maestros de una tradición. Los instructores de mindfulness no pretenden saberlo todo, ni siquiera saber más que sus alumnos. Simplemente, tienen algo más de experiencia en meditación y deseos de facilitar su aprendizaje.
- No debemos considerarnos expertos en la indagación, porque es muy compleja. Es un arte, ya que el encuentro con cada ser humano es diferente y se construye a cada instante. Pero puede ir aprendiéndose con la práctica.

Objetivos de la indagación

Son básicamente cuatro:

1. Facilitar que los participantes expresen lo que han experimentado durante la práctica, que puedan reflexionar sobre su experiencia y enseñarles cómo explorarla.
2. Colaborar juntos, a través del diálogo, para conocer lo que se está descubriendo.
3. Vincular estas enseñanzas a los objetivos del programa y ver cómo lo descubierto puede ser aplicable a la vida diaria.
4. Encarnar las actitudes asociadas a mindfulness y compasión (por ejemplo, la curiosidad, la aceptación, etc.).

Cómo se realiza la indagación

La indagación se realiza en tres fases que son las que se exponen en la Tabla 1.

Tabla 1. Estructura de la indagación
CÍRCULO 1. OBSERVACIÓN. LA EXPERIENCIA DIRECTA: Implica obtener el conocimiento experiencial, directo, en primera persona. Responde a la pregunta: ¿qué has experimentado?
– En el cuerpo: sensaciones físicas, táctiles, sonidos, colores, movimientos, emociones y sensaciones físicas conectadas con ellos. – En la mente: pensamientos y emociones u otros fenómenos mentales. – Fuera de la mente: sonidos, olores, imágenes.
CÍRCULO 2. DIÁLOGO. DARSE CUENTA: Explorar los efectos de traer la experiencia directa a la consciencia.
– ¿Dónde se fue la mente tras la experiencia? – ¿Cómo nos sentimos cuando la mente divagaba? – ¿Qué hacemos cuando la mente divaga? (Quedo atrapado en la situación, intento que vuelva al foco de atención previo, con qué actitud.) – ¿Al llevar la consciencia a esta experiencia, se ve afectada? – ¿Es habitual esta forma de comportarnos?
CÍRCULO 3. ENLACE. BUSCANDO LA INTEGRACIÓN: Explorar cómo el aprendizaje puede relacionarse con la experiencia diaria.
– Desarrollar comprensión sobre la posible relación entre la experiencia directa del individuo, el efecto de poner atención consciente a los procesos mentales y la tendencia a la repetición de estos procesos. – La potencia del aprendizaje se basa en identificar nuestras actuaciones en la vida diaria y sigue en este esquema: 1) experiencia directa; 2) interpretación por parte de la mente e 3) impacto en el entorno. – Facilitar a los participantes la elaboración de estas conexiones, sabiendo que requerirán de un tiempo.

RECOMENDACIONES GENERALES PARA EL INSTRUCTOR DE MINDFUL EATING

Lo que a continuación resumimos son algunos consejos sobre cómo relacionarse con los clientes/pacientes y cómo trabajar sobre uno mismo cuando se es instructor de mindfulness. De una forma pedagógica, aunque algo artificial, podríamos diferenciar tres aspectos.

Técnica

Se recomienda:

- *Empezar siempre las sesiones con una práctica*, para enfatizar que la experiencia es lo principal.
- *Practicar lo que se enseña.* El instructor debe practicar frecuentemente y durante años cada técnica. Esto nos permite ver las dificultades durante su realización y entender lo que experimentan los participantes.
- *Practicar cuando se enseña.* Cuando dirigimos una práctica, participamos de ella. Hay que estar atento durante la práctica a tres aspectos: a) el contenido de la práctica que estamos desarrollando; b) el grupo (cómo se encuentra y cómo sigue la práctica, para modificar el tono, el ritmo o algunos aspectos de la propia práctica y, para ello, abrimos los ojos de vez en cuando para observarlo); c) nuestra experiencia durante la práctica (que nos permitirá entender lo que están sintiendo los participantes y actuar en consecuencia).
- *Enseñar a amar la práctica.* No generar estrés, de forma persecutoria o culpabilizante, por no hacer la práctica, sino enfatizar una actitud de perseverancia alegre.
- *Pedir siempre retroalimentación.* Después de cada práctica, al final de cada clase, preguntar por las tareas para casa al inicio de cada sesión, etc. El diálogo es el principal vehí-

culo de enseñanza. Es recomendable enfatizar el punto didáctico de cada retroalimentación conectándolo con el grupo.

- *Emplear preguntas abiertas y fomentar la expresión de dudas y dificultades.*
- *Guiar y grabar las prácticas.* Lo idóneo es que inicialmente las prácticas sean guiadas y grabadas por el instructor. Posteriormente, se recomienda que el individuo practique sin guía.
- *Dar al final de cada sesión material para leer en casa,* enfatizando las tareas y la práctica en el domicilio. El uso de un diario es muy recomendable, ya que las prácticas en casa son claves.

Actitud

Es conveniente:

- *Dejar el ego fuera.* El instructor puede tener tentaciones de jugar un rol de experto o sugerir estados meditativos inalcanzables. También puede tener baja tolerancia con los participantes desafiantes o con los individuos poco colaboradores. La relación con los participantes es horizontal, somos uno más con algo más de experiencia.
- *No intentar ser excesivamente «mindful».* Hay instructores que ralentizan mucho sus acciones o sonríen de forma continua e innecesaria para parecer «mindful». También pueden usar un lenguaje complejo o con términos budistas o hinduistas, para parecer más técnicos. Debemos dar las sesiones de forma alegre y espontánea.
- *Es recomendable tener nuestro(s) propio(s) maestro(s)* y sentir que pertenecemos al «linaje de mindfulness». Tener un supervisor externo de forma periódica, con quien compartir las experiencias, es una de las recomendaciones de buena práctica clínica.

- *No juzgar las experiencias negativas, ni fomentar experiencias positivas o agradables.* Intentamos cultivar la curiosidad y la aceptación, sea lo que sea lo que aparece.
- *Mandar el mensaje de que cuanto más se practique más fácil es que ocurran cambios, pero que no se pueden forzar.* Lo más difícil es siempre el primer minuto (es decir, empezar la práctica).
- *No es un grupo de terapia, sino de práctica y de facilitación de la experiencia de cada uno.* Hablamos sobre cómo desarrollar la práctica y sus dificultades, en el aquí y ahora. No se abordan asuntos personales o biográficos como en otras terapias. Es un entrenamiento en una técnica.
- *Nuestro rol es de instructor, no de maestro espiritual ni de terapeuta.* Si alguien va a comentar temas biográficos o traumáticos, le invitamos a hablar con el instructor fuera del grupo y ceñirse durante la práctica a las experiencias en el aquí y ahora.

3. Contenido

- Es recomendable *centrarse en los aspectos fundamentales de la práctica* (en la Tabla 2, se resumen algunos puntos importantes).
- *Enfatizar los registros de trabajo y las prácticas en el domicilio.* Si no se están realizando, tenemos que motivar a los participantes para que se hagan e incorporen las prácticas a su rutina diaria.
- *Ayudar a que los participantes relacionen la práctica con la vida diaria de una forma personalizada.*
- *La meditación,* aunque relevante, *no es lo único importante.* Lo fundamental es desarrollar una actitud mindfulness y la meditación solo es una forma más de facilitarla.

Tabla 2. Contenidos principales a desarrollar en los grupos de mindful eating

- **Observación.** En etapas iniciales, supone un despertar. Simplemente parar y observar es el objetivo. Se aprende a observar lo que ocurre en un ambiente relacionado con la comida dentro y fuera de cada uno de nosotros.

- **Aceptación.** Es un aspecto fundamental de la práctica. Una vez hayamos observamos lo que sucede muchas veces de una manera automática, la actitud hacia ello es total apertura y nulo rechazo. Así se facilita que no haya resistencias y que la atención esté momento a momento en el presente.

- **Curiosidad.** Ser capaces de ir más allá del conocimiento adquirido será más fácil siendo curiosos, disfrutando del aprendizaje. Esto nos impulsará, y serán más frecuentes nuevos contenidos tras la práctica y las experiencias semanales.

- **Honestidad.** A lo largo de las prácticas se suceden situaciones difíciles, duras de observar y experimentar. La mente genera pensamientos y discursos que nos pueden alejar de la verdadera experiencia. La honestidad es aceptar lo que nos ocurre de la maneras más fidedigna, sin engaños hacia otros o hacia nosotros mismos.

- **Compasión.** Hacer las paces con uno mismo, es parte del camino. Es el principio del cambio en uno mismo y en nuestra conducta. El desarrollo de una autocompasión a lo largo de las semanas es un contenido clave fruto de la observación, la aceptación, la curiosidad y la honestidad. De igual manera la compasión hacia los demás miembros del grupo.

- **Aprendizaje.** Es el poso que va quedando a lo largo de las semanas y de compartir experiencias con el grupo. Es la integración de nuevas formas de ser y sentir. El cambio es posible y siempre va acompañado de nuevos conocimientos y experiencias.

- **Motivación.** Necesaria para aprender, para cambiar, para sentarnos deliberadamente en una silla, cerrar los ojos y observar más que nunca. Necesaria para mantener la práctica y el deseo por aprender de igual manera en el futuro.

TÉCNICA DE INDAGACIÓN EN MINDFUL EATING

Después de realizar en grupo una práctica de mindfulness en la respiración se produce un período de preguntas y respuestas.

- PARTICIPANTE (P): La práctica me ha dado mucho miedo porque sentía que me moría. ¿Por qué me ha ocurrido eso y cómo puedo evitarlo? No me apetece hacer más prácticas de este tipo si me vuelve a ocurrir lo mismo.

Este es un ejemplo típico de pregunta en un grupo inicial de mindfulness. La interpretación de nuestra experiencia (y no la experiencia como tal) se toma como la realidad y la persona quiere saber por qué ocurren las cosas y, sobre todo, cómo evitar el malestar. El instructor mindful debe evitar la tentación de «dar recetas» y mostrar que lo sabe todo. Su función es ayudar al individuo a que haga él mismo el proceso de indagación y descubra lo que le pasa.

- INSTRUCTOR (I): Entiendo que has tenido una serie de sensaciones que has etiquetado como amenazadoras. Si te parece, podemos a analizar poco a poco el proceso que ha ocurrido. Puedes decirnos, en primer lugar, ¿cuáles han sido las sensaciones que has experimentado y en qué parte del cuerpo?

Vamos a intentar hacer el proceso de enquiry siguiendo las tres fases recomendadas. La primera es la experiencia directa, las sensaciones corporales.

- P: No sé, he sentido como si mi mente se separase de mi cuerpo y he pensado que me iba a morir. Eso es todo.

Estamos tan acostumbrados a identificar nuestras interpretaciones con la realidad que ni siquiera cuando se nos pide la experiencia directa, desnuda, nos resulta fácil describirla.

- I: Vamos al cuerpo primero, si te parece. La sensación de que la mente se separaba de tu cuerpo no es realmente una sensación corporal, sino que es una interpretación de tu mente. ¿Puedes verlo? Ve al paso anterior, ¿cómo describirías lo que pasaba en tu cuerpo?, ¿dónde ocurría?

- P: Vale, vale,.. ya entiendo. Sí, lo que sentí fue una sensación general de acorchamiento en todo el cuerpo... como si perdiese la sensibilidad. Poco después... sentí como una sensación de caída al suelo, aunque era perfectamente consciente de que estaba tumbado en el suelo y que no podía caerme...

- I: Perfecto, esa es la experiencia directa. Esas son las sensaciones en tu cuerpo: acorchamiento general en todo el cuerpo y sensación de caída al suelo. Hasta ahí, sensaciones corporales que seguro que muchos hemos tenido

Se puede mirar al grupo un momento para confirmar que es así, pero sin entablar diálogo. El enquiry *tiende a ser individual.*

- I: Tienes esas experiencias corporales: acorchamiento y sensación de caída. ¿Qué pasa luego, en una segunda fase, cuando traes esa experiencia a la consciencia?

- P: Al sentir esa experiencia la interpreto como que la mente, mi espíritu, o lo que sea... se está separando del cuerpo, en suma, que me estoy muriendo o que me voy a morir.

- I: Entiendo, pues, que cuando traes la experiencia del cuerpo a tu consciencia surge un pensamiento de que te vas a morir, lo que, a su vez, produce una emoción de miedo a la muerte. ¿Es así? ¿Qué pasa luego?

- P: A partir de ahí desconecto de la práctica, no sigo haciendo el *body scan*, sino que deseo que termine y estoy pensando continuamente en otra cosa hasta que se acaba la práctica.

- I: Entendido. Interpretar las sensaciones corporales de acorchamiento y caída como que te estás muriendo desencadena una emoción de miedo, por lo que dejas de hacer lo que estabas haciendo y esperas a que se pase. ¿Te ha ocurrido esto otras veces?

- P: Sí, me ha ocurrido otras veces por la noche, cuando me voy a la cama. A veces he tenido esa sensación de que me moría y he estado sin dormir casi toda la noche y, en otras ocasiones, he tenido alguna crisis de angustia.

- I: Ya veo. Lo que te ha pasado ahora te pasa otras veces y reaccionas de la misma forma. ¿Piensas que puedes aprender algo con lo que ha ocurrido hoy?

- P: Yo creo que sí. Cuando siento esas sensaciones corporales y aparece mi interpretación de que voy a morir y la emoción de miedo, puedo dejar pasar esos pensamientos y emociones, como cualquier otro fenómeno mental, y volver mi atención a la respiración y a las sensaciones corporales.

- I: Entendido. Entonces ¿ese sería el aprendizaje de esta experiencia? Ser consciente de que aparece un pensamiento de muerte y una emoción de miedo y no identificarse con ella. ¿Piensas que este aprendizaje puede serte útil en otras circunstancias de la vida diaria?

- P: Si, por la noche, cuando aparecen esas sensaciones de angustia que a veces terminan en crisis. Es el mismo proceso.

- I: Muy bien. ¿Cómo te sientes ahora? ¿Quieres que comentemos algo más?

- P: Me siento muy bien ahora, gracias. No, no hace falta que comentemos nada más, me ha resultado muy interesante la experiencia.

- I: Muchas gracias a ti por compartirla. Todos hemos aprendido mucho con ella».

ANEXO

MINDFULNESS APLICADO A LA GASTRONOMÍA

La Real Academia de la lengua española (RAE) define la gastronomía como:

1. f. Arte de preparar una buena comida.

2. f. Afición al buen comer.

3. f. Conjunto de los platos y usos culinarios propios de un determinado lugar.

La gastronomía ha evolucionado a lo largo de los años. Ha pasado de una alimentación dirigida únicamente a nutrirnos y cubrir las necesidades biológicas básicas, al desarrollo de todo un ámbito cultural y emocional, donde la calidad, la presentación y la estimulación emocional son clave para el disfrute del acto de comer.

El objetivo de la gastronomía actual es estimular los sentidos. Para ello los detalles son importantes. Se trabaja con diferentes texturas, olores, formas y sabores que atrapan toda nuestra atención y evocan en nosotros recuerdos, emociones y pensamientos. Esto se consigue creando un modo de cocinar delicado, innovador y original, que requiere también atención, creatividad y tiempo. Pero no solo se busca la creatividad, sino también la nutrición, es decir, alimentos nutritivos que cumplan con las necesidades funcionales del cuerpo.

En lo que respecta a la tercera definición propuesta por la RAE, cada sitio presenta una gastronomía concreta centrada en las tradiciones de ese lugar y en los alimentos que predominan (ya sea por el clima, por costumbre...). Esto hace que los cocineros presten atención y se inspiren en las prácticas gastronómicas propias de cada lugar para elaborar y crear nuevos platos, ya sean centrados en alimentos propios del país, o en una fusión de elementos exóticos de países extranjeros y de otras culturas, con los que poder trasladar a los individuos momentáneamente a lugares lejanos. Este viaje cultural, sensorial y emocional es la difícil tarea que los grandes chefs tienen que desempeñar.

Mindfulness permite ser consciente de lo que estamos haciendo, en el presente con aceptación y sin juzgar. Como hemos ido desarrollando a lo largo del libro, se puede aplicar a la alimentación y existen cada vez más estudios que tratan de probar su eficacia, sobre todo en lo que respecta a la relación con la comida, la reducción del estrés, la impulsividad y el aumento del bienestar.

Pero como también hemos visto a lo largo de los capítulos, los condicionamientos adquiridos desde pequeños, el apego que hemos desarrollado y los aprendizajes a lo largo de nuestro crecimiento condicionan y producen dificultades en la relación que presentamos con los alimentos. Se puede desarrollar confusión emocional con la comida, hambre emocional, desatender las sensaciones de hambre y saciedad, y utilizar los alimentos para evitar emociones negativas. Esto lleva a desarrollar trastornos o problemáticas relacionadas con la alimentación (obesidad, anorexia, bulimia, atracones...) que pueden truncar esta forma de comunicación.

Tal y como se desarrolla en el programa específico en mindful eating, mindfulness puede ayudarnos a cambiar la relación con los alimentos. Contribuye a tomar decisiones adecuadas, como la cantidad y variedad de comida a ingerir, facilita la reducción de la impulsividad, permite escuchar nuestro cuerpo y, por lo tanto, alimentarnos cuando existe hambre física, adoptando nuevas estrategias de afrontamientos ante las dificultades alimenticias y emocionales.

Según R. Calvo, comer no solo es nutrirse, sino que también es una forma no verbal de comunicación. Mediante el proceso de cocinar tratamos de expresar cariño y afecto a nuestros seres queridos. La alimentación es un momento de socialización que utilizan las familias para reencontrarse y contarse lo que han hecho a lo largo del día. Es utilizada para la expresión de emociones alegres que hemos aprendido a manifestar culturalmente mediante diferentes contextos y celebraciones (cumpleaños, bodas, encuentros con amigos, etc.). Pero no solo expresamos momentos alegres, sino que, también, se puede transmitir enfado y ansiedad a través de la comida, o de nuestros actos relacionados con el proceso comer. Por ejemplo, cuando estamos enojados es probable que comamos menos, nuestras acciones sean más bruscas, o si estamos ansiosos puede suceder lo mismo o todo lo contrario, comer mayor cantidad y más rápido, además de alimentos menos saludables. Por lo tanto, la alimentación nos ayuda a comunicarnos con los demás de una forma diferente.

Aunque en el libro hemos desarrollado principalmente el término *mindful eating* (mindfulness aplicado a la alimentación, al comer), también se han acuñado términos tales como *gastromindfulness* (aplicado al arte de cocinar y comer).

En este sentido, la práctica de la atención plena, además de prevenir y mejorar dificultades relacionadas con la alimentación, está siendo utilizada recientemente como una experiencia lúdica y divertida denominada *gastromindfulness*, que consistiría en dejarse embriagar por la consciencia sensorial y corporal de los alimentos (de sus texturas, olores y sabores), generando emociones, recuerdos y pensamientos positivos que nos trasladan a una experiencia única de disfrute y de conexión con el entorno. En el último año, ya se han comenzado a realizar actividades pioneras en el disfrute de los placeres gastronómicos enmarcados en los Congresos Internacionales de Mindfulness llevados a cabo por la Universidad de Zaragoza.

BIBLIOGRAFÍA

CAPÍTULO 1
LA RELACIÓN DE LOS SERES HUMANOS CON LOS ALIMENTOS A LO LARGO DE LA HISTORIA

Chomski, D., *La cocina sagrada* (Madrid: Alba, 2009).

Harris, M., *Vacas, cerdos, guerras y brujas: los enigmas de la cultura* (Madrid: Alianza, 1980).

—— *Caníbales y reyes. Los orígenes de la cultura* (Madrid: Alianza, 1977).

—— *Bueno para comer: enigmas de alimentación y cultura* (Madrid: Alianza, 1989).

Safran Foer, J., *Comer animales* (Barcelona: Seix Barral, 2011).

CAPÍTULO 2
LA ALIMENTACIÓN EN LAS TRADICIONES MEDITATIVAS

Chomski, D., *La cocina sagrada* (Madrid: Alba, 2009).

Harris, M., *Vacas, cerdos, guerras y brujas: los enigmas de la cultura* (Madrid: Alianza, 1980).

—— *Caníbales y reyes. Los orígenes de la cultura* (Madrid: Alianza, 1977).

—— *Bueno para comer: enigmas de alimentación y cultura* (Madrid: Alianza, 1989).

Longo, V. D., y M. P. Mattson, «Fasting: Molecular Mechanisms and Clinical Applications», *Cell Metabolism* 19 (2014) 181-192.

Medina Fuentes, A., *Vegetarismo. Medicina natural* (Madrid: Libsa, 1993).

Michalsen, A., y C. Li, «Fasting Therapy for treating and preventing disease – Current state of evidence», *Forsch Komplementmed* 20 (2013) 444–453

Spencer, C., *The Heretic's Feast: A History of Vegetarianism* (London: Fourth Estate Classic House, 2002).

Walters, K. S., y L. Portness, *Religious Vegetarianism from Hesiod to the Dalai Lama* (Albany: SUNY Press, 2001).

CAPÍTULO 3
EL PROBLEMA DEL SOBREPESO
EN LA SOCIEDAD CONTEMPORÁNEA

Bays, H. E., P. P. Toth, P. M. Kris-Etherton, N. Abate, L. J. Aronne, W. V. Brown et al., «Obesity, adiposity, and dyslipidemia: A consensus statement from the National Lipid Association»: Journal of Clinical Lipidology 7(4) (2013) 304-383. Disponible en: http://www.ncbi.nlm.nih.gov/pubmed/23890517

Daubenmier, J., P. J. Moran, J. Kristeller, M. Acree, P. Bacchetti, M. E. Kemeny et al., «Effects of a mindfulness-based weight loss intervention in adults with obesity: A randomized clinical trial»: Obesity 24(4) (2016) 794-804. Disponible en: http://www.ncbi.nlm.nih.gov/pubmed/26955895

Demarzo M. M. P., L. V. Martins, C. R. Fernandes, F. A. Herrero, S. E. D. A. Perez, A. Turatti et al., «Exercise reduces inflammation and cell proliferation in rat colon carcinogenesis»: Medicine & Science in Sports & Exercise 40(4) (2008) 618-621. Disponible en: http://www.ncbi.nlm.nih.gov/pubmed/18317386

Godsey, J., «The role of mindfulness based interventions in the treatment of obesity and eating disorders: An integrative review»: Complementary Therapies in Medicine 21(4) (2013) 430-439. Disponible en: http://www.ncbi.nlm.nih.gov/pubmed/23876574

Mantzios, M., y J. C. Wilson, «Mindfulness, Eating Behaviours, and Obesity: A Review and Reflection on Current Findings»: Current Obesity Reports 4(1) (2015) 141-146.

Moore S. C., I.-M. Lee, E. Weiderpass, P. T. Campbell, J. N. Sampson, C. M. Kitahara et al., «Association of Leisure-Time Physical Activity With Risk of 26 Types of Cancer in 1.44 Million Adults»: JAMA Internal Medicine 176(6) (2016) 816. Disponible en: http://archinte.jama-network.com/article.aspx?doi=10.1001/jamainternmed.2016.1548

OMS, Informe sobre la situación mundial de las enfermedades no transmisibles 2014 (Ginebra: OMS, 2014).

Peirson, L., J. Douketis, D. Ciliska, D. Fitzpatrick-Lewis, M. U. Ali y P. Raina, «Treatment for overweight and obesity in adult populations: a systematic review and meta-analysis»: *CMAJ Open* 2(4) (2014) E306-E317. Disponible en: http://www.ncbi.nlm.nih.gov/pubmed/25485258

Peirson L., D. Fitzpatrick-Lewis, D. Ciliska, M. Usman Ali, P. Raina y D. Sherifali, «Strategies for weight maintenance in adult populations treated for overweight and obesity: a systematic review and meta-analysis»: *CMAJ Open* 3(1) (2015) E47–E54. Disponible en: http://www.ncbi.nlm.nih.gov/pubmed/25844369

Pereira-Miranda, E., P. R. F. Costa, V. A.O. Queiroz, M. Pereira-Santos, y M. L.P. Santana, «Overweight and Obesity Associated with Higher Depression Prevalence in Adults: A Systematic Review and Meta-Analysis»: *The Journal of the American College of Nutrition* 36(3) (2017) 223–233. Disponible en: http://www.ncbi.nlm.nih.gov/pubmed/28394727

Sotos-Prieto, M., S. N. Bhupathiraju, J. Mattei, T. T. Fung, Y. Li, A. Pan *et al.*, «Association of Changes in Diet Quality with Total and Cause-Specific Mortality»: *The New England Journal of Medicine* 377(2) (2017) 143-153. Disponible en: http://www.nejm.org/doi/10.1056/NEJMoa1613502

Souza Santos Machado, V. de, A. L. R. Valadares, L. H. Costa-Paiva, M. J. Osis, M. H. Sousa y A. M. Pinto-Neto, «Aging, obesity, and multimorbidity in women 50 years or older: a population-based study»: *Menopause* 20(8) (2013) 818–824. Disponible en: http://www.ncbi.nlm.nih.gov/pubmed/23549445

CAPÍTULO 4
¿QUÉ ES Y QUÉ NO ES MINDFUL EATING?

Alberts, H. J., S. Mulkens, M. Smeets y R. Thewissen, «Coping with food cravings. Investigating the potential of a mindfulness-based intervention»: *Appetite* 55(1) (2010) 160–163. http://doi.org/10.1016/j.appet.2010.05.044

Chozen Bays, J., *Comer atentos. Guía para redescubrir una relación sana con los alimentos* (incluye CD; Barcelona: Kairós, 2013).

Silamani Guirao-Goris, «¿Qué es y qué no es alimentarse con mindful-ness?»: Web Mindful Eating España. En: http://mindful-eating.es/?page_id=18

Konttinen, H., S. Männistö, S. Sarlio-Lähteenkorva, K. Silventoinen y A. Haukkala, «Emotional eating, depressive symptoms and self-reported food consumption. A population-based study»: *Appetite* 54(3) (2010) 473–479. http://doi.org/10.1016/j.appet.2010.01.014

Kristeller, J., R. Q. Wolever y V. Sheets, «Mindfulness-Based Eating Awareness Training (MB-EAT) for Binge Eating: A Randomized Clinical Trial»: *Mindfulness* 5(3) (2014) 282–297. http://doi.org/10.1007/s12671-012-0179-1

Mantzios, M., y J. C. Wilson, «Mindfulness, Eating Behaviours, and Obesity: A Review and Reflection on Current Findings»: *Current Obesity Reports* 4(1) (2015) 141–146. http://doi.org/10.1007/s13679-014-0131-x

Mantzios, M., J. C. Wilson, M. Linnell y P. Morris, «The Role of Negative Cognition, Intolerance of Uncertainty, Mindfulness, and Self-Compassion in Weight Regulation Among Male Army Recruits. *Mindfulness* 6(3) (2015) 545–552. http://doi.org/10.1007/s12671-014-0286-2

Miller, C. K., J. L. Kristeller, A. Headings y H. Nagaraja, «Comparison of a mindful eating intervention to a diabetes self-management intervention among adults with type 2 diabetes: a randomized controlled trial»: *Health Education & Behavior: The Official Publication of the Society for Public Health Education* 41(2) (2014) 145–154. http://doi.org/10.1177/1090198113493092

O'Reilly, G. A., L. Cook, D. Spruijt-Metz y D. S. Blac, «Mindfulness-based interventions for obesity-related eating behaviours: a literature review»: *Obesity Reviews* 15(6) (2014) 453–461. http://doi.org/10.1111/obr.12156

Peters, J. R., S. M. Erisman, B. T. Upton, R. A. Baer y L. Roemer, «A Preliminary Investigation of the Relationships Between Dispositional Mindfulness and Impulsivity»: *Mindfulness* 2(4) (2011) 228–235. http://doi.org/10.1007/s12671-011-0065-2

Stanford, M. S., C. W. Mathias, D. M. Dougherty, S. L. Lake, N. E. Anderson y J. H. Patton, «Fifty years of the Barratt Impulsiveness Scale: An update and review»: *Personality and Individual Differences* 47(5) (2009) 385–395. http://doi.org/10.1016/j.paid.2009.04.008

Tuomisto, T., M. Tuomisto, M. Hetherington y R. Lappalainen, «Reasons for Initiation and Cessation of Eating in Obese Men and Women and the Affective Consequences of Eating in Everyday Situations»: *Appetite* 30(2) (1998) 211–222. http://doi.org/10.1006/appe.1997.0142

CAPÍTULO 5
BASES BIOLÓGICAS Y PSICOLÓGICAS DE LA ALIMENTACIÓN

Bays, H. E., P. P. Toth, P. M. Kris-Etherton, N. Abate, L. J. Aronne, W. V. Brown *et al.*, «Obesity, adiposity, and dyslipidemia: A consensus statement from the National Lipid Association»: *Journal of Clinical Lipidology* 7(4) (2013) 304-383. Disponible en: http://www.ncbi.nlm.nih.gov/pubmed/23890517

Peirson L., D. Fitzpatrick-Lewis, D. Ciliska, M. Usman Ali, P. Raina y D. Sherifali, «Strategies for weight maintenance in adult populations treated for overweight and obesity: a systematic review and meta-analysis»: *CMAJ Open* 3(1) (2015) E47–E54. Disponible en: http://www.ncbi.nlm.nih.gov/pubmed/25844369

OMS, *Informe sobre la situación mundial de las enfermedades no transmisibles 2014* (Ginebra: OMS, 2014).

CAPÍTULO 6
¿CÓMO ACTÚA MINDFUL EATING? MECANISMOS DE ACCIÓN Y EFICACIA

Adam, T. C., y E. S. Epel, «Stress, eating and the reward system»: *Physiology & Behavior* 91(4) (2007) 449–458. http://doi.org/10.1016/j.physbeh.2007.04.011

Arch, J. J., K. W. Brown, R. J. Goodman, M. D. Della Porta, L. G. Kiken y S. Tillman, «Enjoying food without caloric cost: The impact of brief mindfulness on laboratory eating outcomes»: *Behaviour Research and Therapy* (2016). http://doi.org/10.1016/j.brat.2016.02.002

Cebolla, A., J. R. Barrada, T. van Strien, E. Oliver y R. Baños, «Validation of the Dutch Eating Behavior Questionnaire (DEBQ) in a sample of Spanish women»: *Appetite* 73 (2014) 58–64. http://doi.org/10.1016/j.appet.2013.10.014

Chacko, S. A., G. Y. Yeh, R. B. Davis y C. C. Wee, «A mindfulness-based intervention to control weight after bariatric surgery: Preliminary results from a randomized controlled pilot trial»: *Complementary Therapies in Medicine* (2016). http://doi.org/10.1016/j.ctim.2016.07.001

Daubenmier, J., P. J. Moran, J. Kristeller, M. Acree, P. Bacchetti, M. E. Kemeny *et al.*, «Effects of a mindfulness-based weight loss intervention in adults with obesity: A randomized clinical trial»: *Obesity* 24(4) (2016) 794-804. http://doi.org/10.1002/oby.21396

Didonna, F., (ed.), *Clinical Handbook of Mindfulness* (New York, NY: Springer, 2009). http://doi.org/10.1007/978-0-387-09593-6

Kristeller, J. L. y C. B. Hallett, «An Exploratory Study of a Meditation-Based Intervention for Binge Eating Disorder»: *Journal of Health Psychology* 4(3) (1999) 357–363.

Kristeller, J., R. Q. Wolever y V. Sheets, «Mindfulness-Based Eating Awareness Training (MB-EAT) for Binge Eating: A Randomized Clinical Trial»: *Mindfulness* 5(3) (2014) 282–297. http://doi.org/10.1007/s12671-012-0179-1

Leahey, T. M., J. H. Crowther y S. R. Irwin, «A Cognitive-Behavioral Mindfulness Group Therapy Intervention for the Treatment of Binge Eating in Bariatric Surgery Patients. *Cognitive and Behavioral Practice* 15(4) (2008) 364–375. http://doi.org/10.1016/j.cbpra.2008.01.004

Mantzios, M. y J. C. Wilson, «Mindfulness, Eating Behaviours, and Obesity: A Review and Reflection on Current Findings»: *Current Obesity Reports* 4(1) (2015) 141–146. http://doi.org/10.1007/s13679-014-0131-x

Mason, A. E., E. S. Epel, J. Kristeller, P. J. Moran, M. Dallman, R. H. Lustig *et al.*, «Effects of a mindfulness-based intervention on mindful eating, sweets consumption, and fasting glucose levels in obese adults: data from the SHINE randomized controlled trial»: *Journal of Behavioral Medicine* 39(2) (2016) 201-213. http://doi.org/10.1007/s10865-015-9692-8

O'Reilly, G. A., L. Cook, D. Spruijt-Metz y D. S. Black, «Mindfulness-based interventions for obesity-related eating behaviours: A literature review»: *Obesity Reviews* 15(6) (2014) 453-461. http://doi.org/10.1111/obr.12156

Olson, K. L. y C. F. Emery, «Mindfulness and Weight Loss: A Systematic Review»: *Psychosomatic Medicine* 77(1) (2015) 59-67. http://doi.org/10.1097/PSY.0000000000000127

Ouwens, M. A., A. A. Schiffer, L. I. Visser, N. J. C. Raeijmaekers y I. Nyklíček, «Mindfulness and eating behaviour styles in morbidly obese males and females»: *Appetite* 87 (2015) 62-67. http://doi.org/10.1016/j.appet.2014.11.030

Sarmiento-Bolaños, M. J., y A. Gómez-Acosta, «Mindfulness. Una propuesta de aplicación en rehabilitación neuropsicológica»: *Avances en Psicología Latinoamericana* 31(1) (2013) 140–155.

Shapiro, S. L., L. E. Carlson, J. A. Astin y B. Freedman, «Mechanisms of mindfulness»: *Journal of Clinical Psychology* 62(3) (2006) 373–386. http://doi.org/10.1002/jclp.20237

Sojcher, R., S. Gould Fogerite y A. Perlman, «Evidence and potential mechanisms for mindfulness practices and energy psychology for obesity and binge-eating disorder»: *Explore: The Journal of Science and Healing* (2012) 271-276. http://doi.org/10.1016/j.explore.2012.06.003

Spoor, S. T. P., M. H. J. Bekker, T. van Strien y G. L. van Heck, «Relations between negative affect, coping, and emotional eating»: *Appetite* (2007) 368-376. http://doi.org/10.1016/j.appet.2006.10.005

Van Strien, T., R. C. Engels, J. Leeuwe y H. M. Snoek, «The Stice model of overeating: Tests in clinical and non-clinical samples»: *Appetite* 45(3) (2005) 205–213. http://doi.org/10.1016/j.appet.2005.08.004

CAPÍTULO 7
PROGRAMAS DE MINDFUL EATING EXISTENTES:
EFICACIA Y LIMITACIONES

Dalen, J., B. W. Smith, B. M. Shelley, A. L. Sloan, L. Leahigh y D. Begay, «Pilot study: Mindful Eating and Living (MEAL): weight, eating behavior, and psychological outcomes associated with a mindfulness-based intervention for people with obesity»: *Complementary therapies in medicine* 18(6) (2010) 260-264.

Goldfield, G. S., K. B. Adamo, J. Rutherford y C. Legg, «Stress and the relative reinforcing value of food in female binge eaters»: *Physiology & Behavior* 93(3) (2008) 579–587. http://doi.org/http://dx.doi.org/10.1016/j.physbeh.2007.10.022

Kristeller, J. L., y C. B. Hallett, «An Exploratory Study of a Meditation-Based Intervention for Binge Eating Disorder»: *Journal of Health Psychology* 4(3) (1999) 357–363.

Kristeller, J. L., y R. Q. Wolever, «Mindfulness-Based Eating Awareness Training for Treating Binge Eating Disorder: The Conceptual Foundation»: *Eating Disorders* 19 (2011) 49–61. http://doi.org/10.1080/10640266.2011.533605

Kristeller, J., R. Q. Wolever y V. Sheets, «Mindfulness-Based Eating Awareness Training (MB-EAT) for Binge Eating: A Randomized Clinical Trial»: *Mindfulness* 5(3) (2014) 282–297. http://doi.org/10.1007/s12671-012-0179-1

López Montoyo, A., y A. J. Cebolla i Martí, «Comer por aburrimiento: relación entre tendencia al aburrimiento y estilos de ingesta en población general»: *Àgora de Salut* 3 (2016) 227–234. http://doi.org/10.6035/AgoraSalut.2016.3.24

Shapiro, S. L., y G. E. Schwartz, «The Role of Intention in Self-Regulation», en: M. Boekaerts, P. R. Pintrich y M. Zeidener (eds.), *Handbook of Self-Regulation* (Burlington, MA – San Diego, CA – Londres: Elsevier, 2000) 253–273. http://doi.org/10.1016/B978-012109890-2/50037-8

Wansink, B., *Mindless Eating: Why we eat more than we think* (New York, NY: Bantam Books, 2007).

Timmerman, G. M., y A. Brown, «The effect of a mindful restaurant eating intervention on weight management in women»: *Journal of nutrition education and behavior* 44(1) (2012) 22-28.

Wilkins, C., y J. Chozen Bays, «Mindful Eating – Conscious Living: formación básica para profresionales» (curso online; Nirakana). Disponible en: https://nirakara.org/curso-presencial/mindful-eating-conscious-living-2/

CAPÍTULO 8
INSTRUMENTOS QUE MIDEN MINDFUL EATING

Adams, C., «Promoting self-compassionate attitudes toward eating among restrictive and guilty eaters»: *Journal of Social and Clinical Psychology* 26(10) (2007) 1120–1144

Arnow, B., J. Kenardy y W. S. Agras, «The emotional eating scale: The development of a measure to assess coping with negative affect by eating»: *International Journal of Eating Disorders* 18(1) (1995) 79–90. http://doi.org/10.1002/1098-108X(199507)18:1<79::AID-EA-T2260180109>3.0.CO;2-V

Cebolla, A., J. R. Barrada, T. van Strien, E. Oliver y R. Baños, «Validation of the Dutch Eating Behavior Questionnaire (DEBQ) in a sample of Spanish women»: *Appetite* 73 (2014) 58–64. http://doi.org/10.1016/j.appet.2013.10.014

Clementi, C., G. Casu y P. Gremigni, «An Abbreviated Version of the Mindful Eating Questionnaire»: *Journal of nutrition education and behavior* 49(4) (2017) 352-356.

Framson, C., A. R. Kristal, J. M. Schenk, A. J. Littman, S. Zeliadt y D. Benitez, «Development and Validation of the Mindful Eating Questionnaire»: *Journal of the American Dietetic Association* 109(8) (2009) 1439–1444. http://doi.org/10.1016/j.jada.2009.05.006

Forman, E. M., K. L. Hoffman, K. B. McGrath, J. D. Herbert, L. L. Brandsma y M. R. Lowe, «A comparison of acceptance-and control-based strategies for coping with food cravings: An analog study»: *Behaviour Research and Therapy* 45(10) (2007) 2372–2386.

Garaulet, M., M. Canteras, E. Morales, G. López-Guimera, D. Sánchez-Carracedo, M. D. Corbalán-Tutau y M. Garaulet, «Validation of a questionnaire on emotional eating for use in cases of obesity; the Emotional Eater Questionnaire (EEQ)»: *Nutición Hospitalaria* 27(2) (2012) 645-651. http://doi.org/10.3305/nh.2012.27.2.5659

Garner, D. M., y P. E. Garfinkel, «The Eating Attitudes Test: an index of the symptoms of anorexia nervosa»: *Psychological Medicine* 9(2) (1979) 273. http://doi.org/10.1017/S0033291700030762

Garner, D., M. Olmstead y J. Polivy, «Development and validation of a multidimensional eating disorder inventory for anorexia nervosa and bulimia»: *International Journal of Eating* 2(2) (1983) 15-34. https://www.researchgate.net/profile/David_Garner4/publication/238274320_Development_and_validation_of_a_multidimensional_Eating_Disorder_Inventory_for_anorexia_and_bulimia._International_Journal_of_Eating_Disorders_2_15-34/links/0deec52a529cf1786e000000.pdf

Glynn, S. M., y A. J. Ruderman, «The development and validation of an Eating Self-Efficacy Scale»: *Cognitive Therapy and Research* 10(4) (1986) 403–420. http://doi.org/10.1007/BF01173294

Herman, C. P., y D. Mack, «Restrained and unrestrained eating»: *Journal of Personality* 43(4) (1975) 647–60. Disponible en: http://www.ncbi.nlm.nih.gov/pubmed/1206453

Hulbert-Williams, L., W. Nicholls, J. Joy y N. Hulbert-Williams, «Initial Validation of the Mindful Eating Scale»: *Mindfulness* 5(6) (2014) 719–729. http://doi.org/10.1007/s12671-013-0227-5

Jáuregui-Lobera, I., P. García-Cruz, R. Carbonero-Carreño, A. Magallares y I. Ruiz-Prieto, «Psychometric Properties of Spanish Version of the Three-Factor Eating Questionnaire-R18 (Tfeq-Sp) and Its Relationship with Some Eating- and Body Image-Related Variables»: *Nutrients* 6(12) (2014) 5619–5635. http://doi.org/10.3390/nu6125619

Karlsson, J., L. O. Persson, L. Sjöström y M. Sullivan, «Psychometric properties and factor structure of the Three-Factor Eating Questionnaire (TFEQ) in obese men and women. Results from the Swedish

Obese Subjects (SOS) study»: *International Journal of Obesity and Related Metabolic Disorders : Journal of the International Association for the Study of Obesity* 24(12) (2000) 1715–1725. Disponible en: http://www.ncbi.nlm.nih.gov/pubmed/11126230

Kliemann, N., R. J. Beeken, J. Wardle y F. Johnson, «Development and validation of the Self-Regulation of Eating Behaviour Questionnaire for adults»: *International Journal of Behavioral Nutrition and Physical Activity* 13(1) (2016) 87. http://doi.org/10.1186/s12966-016-0414-6

Luck, A. J., J. F. Morgan, F. Reid, A. O'Brien, J. Brunton, C. Price, L. Perry y J. H. Lacey, «The SCOFF questionnaire and clinical interview for eating disorders in general practice: comparative study»: *BMJ* 325(7367) (2002) 755-756.

Mauler, B. I., A. O. Hamm, A. I. Weike y B. Tuschen-Caffier, «Affect regulation and food intake in bulimia nervosa: Emotional responding to food cues after deprivation and subsequent eating»: *Journal of Abnormal Psychology* 115(3) (2006) 567–579. http://doi.org/10.1037/0021-843X.115.3.567

Ozier, A. D., O. W. Kendrick, L. L. Knol, J. D. Leeper, M. Perko y J. Burnham, «The Eating and Appraisal Due to Emotions and Stress (EADES) Questionnaire: Development and Validation»: *Journal of the American Dietetic Association* 107(4) (2007) 619–628. http://doi.org/10.1016/j.jada.2007.01.004

Rollins, B. Y., N. R. Riggs, D. Spruijt-Metz, A. D. McClain, C.-P. Chou y M. A. Pentz, «Psychometrics of the Eating in Emotional Situations Questionnaire (EESQ) among low-income Latino elementary-school children»: *Eating Behaviors* 12(2) (2011) 156–159. http://doi.org/10.1016/j.eatbeh.2011.01.004

Schembre, S., G. Greene y K. Melanson, «Development and validation of a weight-related eating questionnaire»: *Eating Behaviors* 10(2) (2009) 119–124. http://doi.org/10.1016/j.eatbeh.2009.03.006

Smith, C. F., D. A. Williamson, L. G. Womble, J. Johnson y L. E. Burke, «Psychometric development of a multidimensional measure of weight related attitudes and behaviors»: *Eating and Weight Disorders - Studies on Anorexia, Bulimia and Obesity* 5(2) (2000) 73–86. http://doi.org/10.1007/BF03327482

Stunkard, A. J., y S. Messick, «The three-factor eating questionnaire to measure dietary restraint, disinhibition and hunger»: *Journal of Psychosomatic Research* 29(1) (1985) 71–83. http://doi.org/10.1016/0022-3999(85)90010-8

Tylka, T. L., «Development and Psychometric Evaluation of a Measure of Intuitive Eating»: *Journal of Counseling Psychology* 53 (2) 226-240. http://doi.org/10.1037/0022-0167.53.2.226

van Strien, T., J. E. R. Frijters, G. P. A. Bergers y P. B. Defares, «The Dutch Eating Behavior Questionnaire (DEBQ) for assessment of restrained, emotional, and external eating behavior»: *International Journal of Eating Disorders* 5(2) (1986) 295–315. http://doi.org/10.1002/1098-108X(198602)5:2<295::AID-EAT2260050209>3.0.CO;2-T

van Strien, T., C. P. Herman, R. C. Engels, J. K. Larsen y J. F. van Leeuwe, «Construct validation of the Restraint Scale in normal-weight and overweight females»: *Appetite* 49(1)(2007) 109–121. http://doi.org/10.1016/j.appet.2007.01.003

CAPÍTULO 10
PRINCIPALES RESISTENCIAS Y DIFICULTADES EN LA PRÁCTICA DE MINDFUL EATING

Adam, T., y E. S. Epel, «Stress, eating and the reward system»: *Physiology & Behavior* 91(4) (2007) 449–458.

Birch, L. L., y J. O. Fisher, «Development of eating behaviors among children and adolescents»: *Pediatrics* 101(Supplement 2) (1998) 539-549.

Birch, L. L., D. W. Marlin y J. Rotter, «Eating as the "means" activity in a contingency: effects on young children's food preference»: *Child development* 55(2) (1984) 431-439.

Cochrane, C. E., T. D. Brewerton, D. B. Wilson y E. L. Hodges, «Alexithymia in eating disorders»: *International Journal of Eating Disorders* 14 (1992) 219–222

Herman, C. P., y J. Polivy, «Normative influences on food intake»: *Physiology & behavior* 86(5) (2005) 762-772.

Kristeller, J. L., y R. Q. Wolever, «Mindfulness-based eating awareness training for treating binge eating disorder: the conceptual foundation»: *Eating disorders* 19(1) (2010) 49-61.

Pfattheicher, S., y C. Sassenrath, «A regulatory focus perspective on eating behavior: how prevention and promotion focus relates to emotional, exerna, and restrained eating»: *Frontiers in phychology* 5(1314) (2014) 1-7.

Savage, J. S., J. O. Fisher y L. L. Birch, «Parental influence on eating behavior: conception to adolescence»: *The Journal of Law, Medicine & Ethics* 35(1) (2007) 22-34.

Spoor, S. T., M. H. Bekker, T. van Strieny y G. L. van Heck, «Relations between negative affect, coping, and emotional eating»: *Appetite* 48 (2007) 368–376.

Volkow, N. D., y R. A. Wise, «How can drug addiction help us understand obesity?»: *Nat Neurosci* 8 (2005) 555–60.

Yee, A. Z., M. O. Lwin y S. S. Ho, «The influence of parental practices on child promotive and preventive food consumption behaviors: a systematic review and meta-analysis»: *International Journal of Behavioral Nutrition and Physical Activity* 14(1) (2017) 47.

CAPÍTULO 11
CÓMO MANEJAR LAS DIFICULTADES EN MINDFUL EATING: LA TÉCNICA DE INDAGACIÓN *(ENQUIRY)*. RECOMENDACIONES GENERALES PARA INSTRUCTORES DE MINDFUL EATING

Williams, J. M.G., R. Crane, J. Soulsby, M. Blacker, F. Meleo-Meyer y R. Stahl, «The inquiry process-aims, intentions and teaching considerations» (comunicación personal, 2007).

LOS AUTORES

Javier García Campayo es psiquiatra del Hospital Universitario Miguel Servet y profesor titular de Psiquiatría en la Universidad de Zaragoza. Ha realizado estancias de investigación en las universidades de Manchester (Gran Bretaña) y McGill (Montréal, Canadá). Ha sido presidente de la Sociedad Española de Medicina Psicosomática y es director de la publicación *Psicosomática y Psiquiatría*. Coordina el Grupo de Investigación en Salud Mental de Aragón. Ha publicado más de 200 trabajos de investigación, más de 50 sobre el tema de mindfulness. Coordina el Máster de Mindfulness en la Universidad de Zaragoza. Es autor de libros como *Manual de Mindfulness* y *Mindfulness y compasión*, en Editorial Siglantana. Ha desarrollado con Marcelo Demarzo y Héctor Morillo el Programa «Mindful Eating» de la Universidad de Zaragoza, que se está aplicando con éxito en diferentes entornos, existiendo varias investigaciones en curso.

Enlaces web
Wikipedia: https://es.wikipedia.org/wiki/Javier_Garc%C3%ADa_Campayo
Página web equipo investigación: http://www.webmindfulness.com
Página web Master de Mindfulness: http://www.masterenmindfulness.com
Blog: https://mindfulnessycompasiongarciacampayo.com

Héctor Morillo Sarto es licenciado en Psicología. Colabora en la Unidad de Investigación en Atención Primaria de Aragón. Profesor del Máster de Mindfulness de la Universidad de Zaragoza, su tesis doctoral versa sobre Mindfulness y Alimentación Consciente, tras formarse en los programas Mindfulness Based Eating Awareness Training (MB-EAT) y ME-Conscious Living (ME-CL).

Alba López Montoyo es licenciada en Psicología, docente investigadora en la Universidad Jaume I de Castellón y colaboradora de la Unidad de Investigación en Atención Primaria de Aragón. Posee amplia experiencia en trastornos de conducta alimentaria y en la aplicación de mindfulness como terapia en estos trastornos.

Marcelo Demarzo es profesor titular de Medicina Familiar de la Universidad Federal de São Paulo (UNIFESP) y de la Facultad de Medicina del Hospital Israelita Albert Einstein de la misma ciudad brasileña. Es asimismo director de «Mente Aberta» (centro brasileño de mindfulness y promoción de la salud), director del Máster en Mindfulness de la UNIFESP, Brasil, y cocreador del Programa «Mindful Eating» de la Universidad de Zaragoza.